Zwischen Cala en Calderer und Els Alocs, 4. Etappe (b)

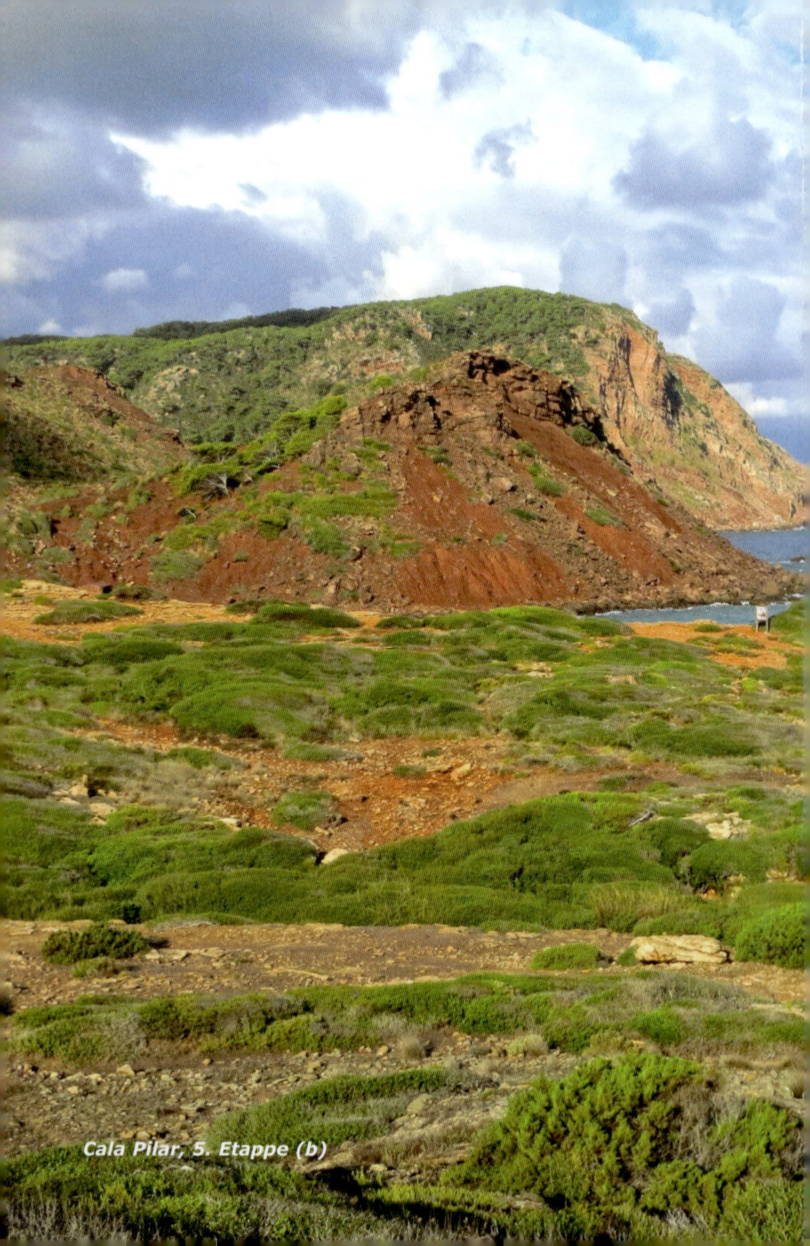

Cala Pilar, 5. Etappe (b)

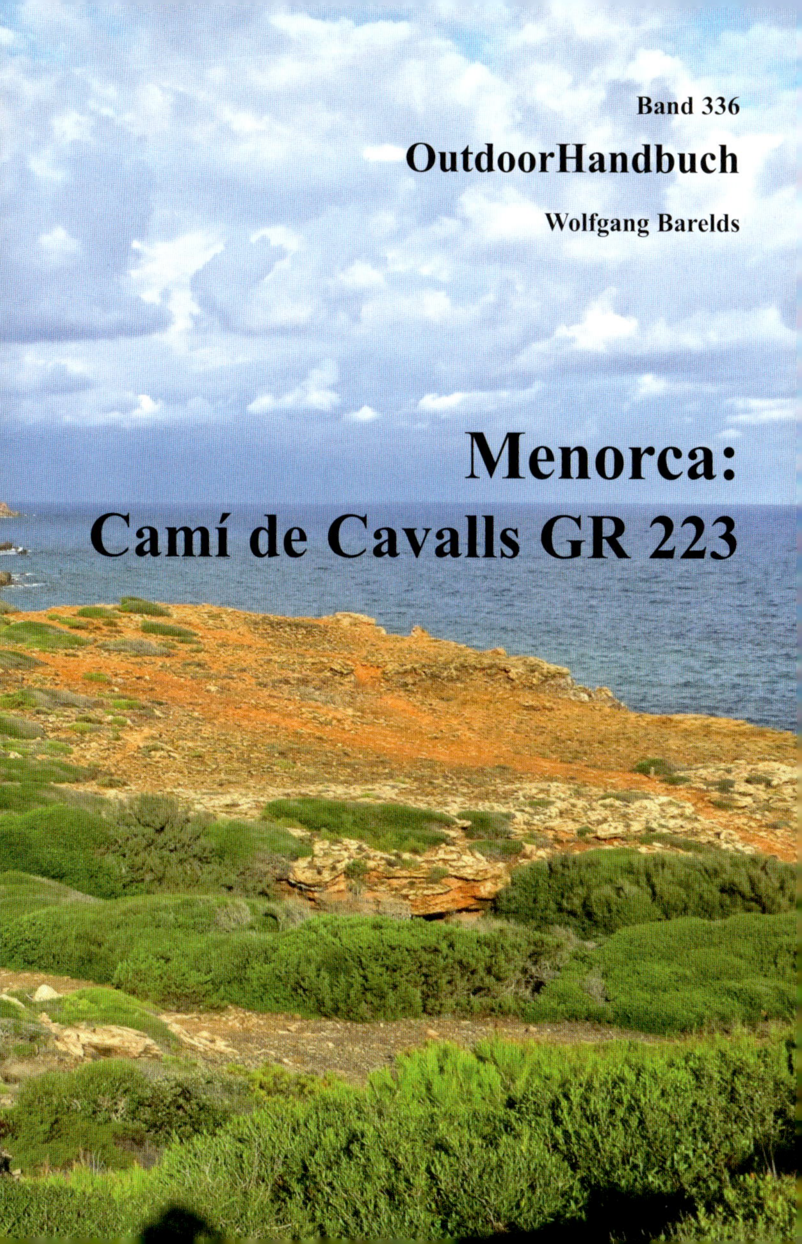
Band 336
OutdoorHandbuch
Wolfgang Barelds
Menorca:
Camí de Cavalls GR 223

Menorca:

Der Autor und der Verlag sind für Lesertipps und Verbesserungen (besonders per E-Mail) unter Angabe der Auflagen- und Seitennummer dankbar.

Dieses OutdoorHandbuch hat 160 Seiten mit 45 farbigen Abbildungen sowie 14 farbigen Kartenskizzen im Maßstab 1:100.000, 12 farbigen Höhenprofilen und einer farbigen, ausklappbaren Übersichtskarte. Es wurde auf chlorfrei gebleichtem Papier gedruckt, in Deutschland klimaneutral hergestellt und transportiert und wegen der größeren Strapazierfähigkeit mit PUR-Kleber gebunden.

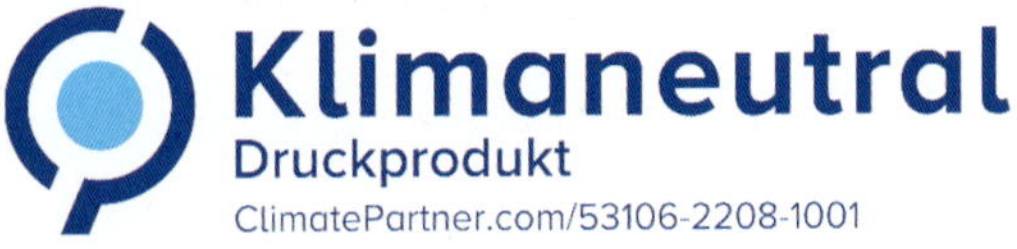

Dieses Buch ist im Buchhandel und in Outdoor-Läden erhältlich und kann im Internet oder direkt beim Verlag bestellt werden.

OutdoorHandbuch Band 336

ISBN 978-3-86686-754-3 2., überarbeitete Auflage 2022

Text: Wolfgang Barelds
Fotos: Wolfgang Barelds (b), Ursula Behrendt (ub) und Runhild Schwartz (rs)
Karten: Dieter Großelohmann
Lektorat & Layout: Anna-Lena Ebner

Gesamtherstellung: AZ Druck und Datentechnik GmbH, Kempten

Dieses OutdoorHandbuch wurde konzipiert und redaktionell erstellt vom:

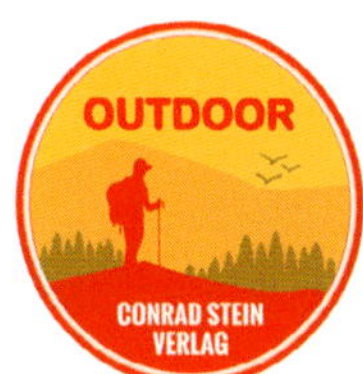

Conrad Stein Verlag GmbH, Kiefernstr. 6, 59514 Welver,
☏ 023 84/96 39 12,
info@conrad-stein-verlag.de,
www.conrad-stein-verlag.de

Besuchen Sie uns bei Facebook & Instagram:

www.facebook.com/outdoorverlag

www.instagram.com/outdoorverlag

Titelfoto: An der Bucht Cala Fustam (b)

Inhalt

☺ Eine **Übersichtskarte** des Weges, **Autorenprofil** sowie eine Liste aller verwendeten **Symbole** in diesem Buch finden Sie auf den vorderen und hinteren Umschlagseiten bzw. -klappen.

Einleitung

Menorca war lange Zeit als Badedestination mit kulturellen und vor allem vorgeschichtlichen Highlights bekannt.

Der Outdoor-Boom führte zu entsprechenden Angeboten – wie dem 2010 eröffneten, rund 185 km langen Camí de Cavalls, der (fast) die ganze Küste Menorcas für Wanderinnen und Wanderer erschließt und als „Europäischer Fernwanderweg 223" geadelt wurde.

Dieser Wanderführer richtet sich ausdrücklich nicht nur an Hardcore-Wanderinnen und- Wanderer, die den Camí de Cavalls mit ihrem ganzen Gepäck auf dem Rücken am Stück durchwandern, sondern auch an „Genusswanderinnen und -wanderer", die von einer festen Unterkunft aus nur tageweise einige besonders schöne Etappen des Camí de Cavalls erwandern und damit die schönsten Küstenlinien Menorcas kennenlernen wollen. Eine Planungshilfe bietet die Übersicht auf Seite 64, wo alle Etappen mit ihren Anforderungen und Charakteristika dargestellt werden. Dieses Buch gliedert den Camí de Cavalls in 12 statt der offiziell üblichen 20 Etappen, weil Letztere teilweise sehr kurz wären. Anhand der Kilometerangaben am Beginn einer jeden Etappenbeschreibung können Sie dann Ihre optimale Etappenlänge selbst zusammenstellen.

Streckenwanderinnen und -wanderer sollten beachten, dass an der Nordküste die touristische Infrastruktur sehr dünn ist und man entweder sehr lange Strecken pro Tag gehen oder gegebenenfalls einige Transfers einschieben muss (☞ Transfers, S. 58). Kombiniert wird beides übrigens mit Pauschalangeboten zum Camí de Cavalls, die vorab gebucht werden können (☞ Pauschalen, S. 47).

Zum Abschluss des Vorwortes ein Dankeschön an Idhuna Barelds, Jutta Vaupel und Ralph Freiheit für Hinweise und logistische Hilfe.

Land und Leute

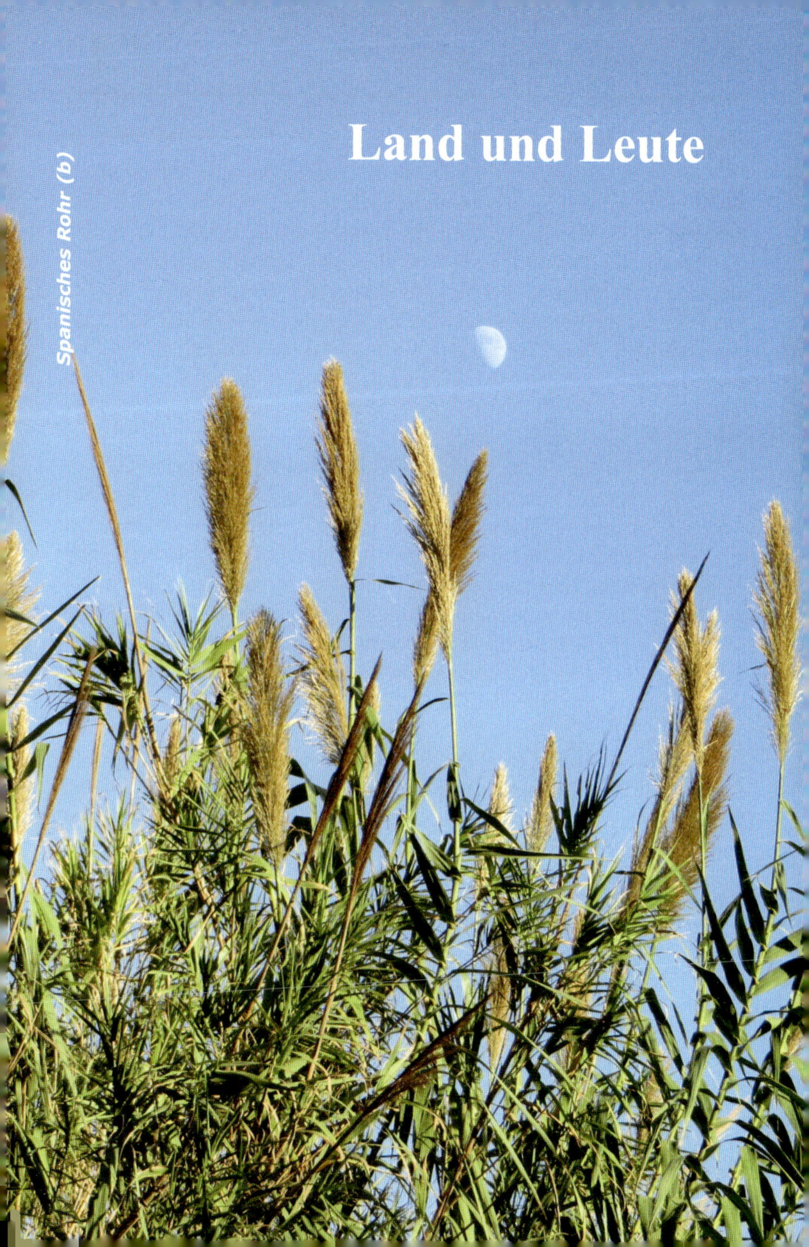

Spanisches Rohr (b)

Geografie

Menorca ist die östlichste und nördlichste Insel der autonomen spanischen Region Balearen und flächenmäßig deren zweitgrößte, nach Mallorca. Auf Menorca, der am dünnsten besiedelten Baleareninsel, leben rund 96.000 Menschen, etwa ein Zehntel der Einwohnerinnen und Einwohner von Mallorca. Die Zahlen schwanken erheblich: In der Hochsaison halten sich gelegentlich fast 200.000 Menschen auf der Insel auf, während es im Dezember kaum 70.000 sind. Unter den rund 14 % Ausländerinnen und Ausländern dominieren zahlenmäßig Menschen aus Großbritannien und Frankreich, dazu kommen rund 700 aus Deutschland.

Menorca hat eine Fläche von rund 700 km² und misst dabei etwa 50 km in der Länge und etwas mehr als 15 km von Nord nach Süd. Die Insel prägen zwei Regionen, die beide nach den entsprechenden Winden benannt sind: *Tramuntana* mit kleinen Bergen im Norden und *Migjorn* mit Hügeln und Schluchten im Süden. Als Folge geologischer Faltungen ist die Tramuntana schroff, mit Naturhäfen entlang der zerklüfteten Küste, wo Felswände bis zu 35 m hinaufragen. Im Gegensatz dazu hat der Süden ein sanftes Relief mit einigen tiefen Schluchten. Die südliche Küste ist geradliniger mit Felsen und langen Sandstränden und daher gibt es dort auch mehr Urlaubssiedlungen.

Die Küste ist eine typische Ausgleichsküste mit Steilküsten, abgeschiedenen Buchten und langen Stränden sowie einigen Naturhäfen. Aufgrund des zerklüfteten Meeresufers ist auch die Bestimmung der Küstenlänge schwierig bzw. hängt davon ab, wie viele Ausbuchtungen und Steine mitgezählt werden. Die Angaben in der Literatur schwanken zwischen 220 und 430 km. Auf jeden Fall sind von der Küstenlinie nur etwa 17 km verbaut.

Höchste Erhebungen sind der Monte Toro (357 m), S'Enclusa (276 m) und Santa Águeda (260 m). Außerhalb der beiden größten Städte Ciutadella und Maó erscheint Menorca als eine Mosaiklandschaft mit Feldern, Wäldern, weiß getünchten Bauernhöfen mit alter Käsetradition, idyllischen Dörfern und malerischen Fischerorten. Rund 12.000 km Trockensteinmauern (*parets seques*) überziehen Menorca netzartig und grenzen landwirtschaftliche Parzellen voneinander ab. Außerdem schützen sie gegen Wind sowie Bodenerosion und verhindern ein Auswandern des Viehs. Der Bau war mühsam: Passende Steine mussten gesammelt

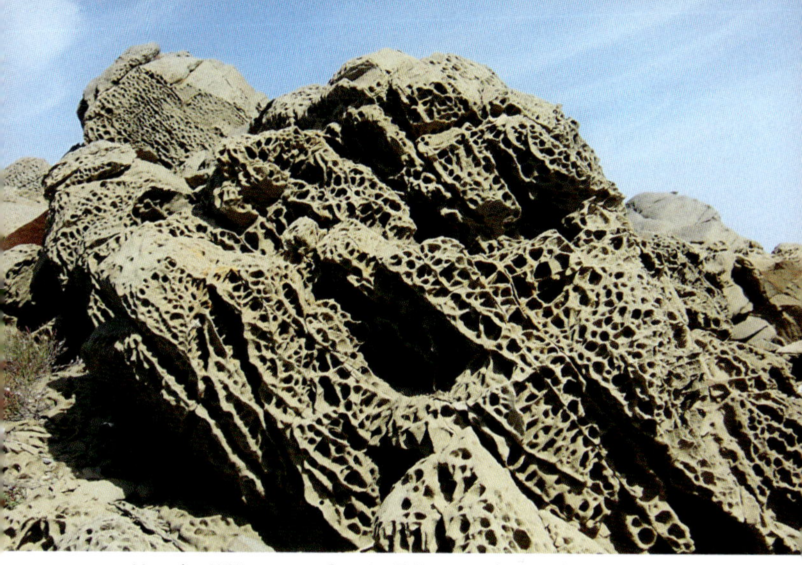

Von der Witterung geformte Felsen an der Nordspitze der Insel (b)

und so ineinandergefügt werden, dass die Mauern auch ohne „Bindemittel" wie Zement und Beton hielten.

Die Landwirtschaft dominiert noch heute das Erscheinungsbild der Landschaft, die wegen der späten Erschließung durch den Tourismus nicht so stark von Touristenzentren geprägt ist wie die Nachbarinseln Mallorca oder Ibiza. Anders als das touristisch sehr stark erschlossene Mallorca hat Menorca sich früh gegen den Bau riesiger Tourismusanlagen gewehrt und legt viel Wert auf die eigene Identität. Damit hängt auch die ausgeprägte Sauberkeit der Insel zusammen, weshalb Menorca gelegentlich mit der Schweiz verglichen wird.

Im Jahr 1993 wurde Menorca zu einem Biosphärenreservat erklärt. Daher ist es kein Wunder, dass Menorca von Kultur- und Naturinteressierten besucht wird. Aber auch von Badefans, angezogen von den vielen Stränden und Badebuchten: Während die Strände an der Nordküste eher grobkörnig und dunkel sind, dominieren im Süden feinsandige und helle Sandstrände.

Mittelmeer

Das 2,5 Mio. km² große Mittelmeer ist fast ein Binnenmeer, das nur durch die minimal 15 km schmale Straße von Gibraltar mit dem Weltmeer Atlantischer

Ozean verbunden ist. Wegen der verhältnismäßig geringen Tiefe dieser Meerenge (300 bis 900 m), aber der großen Tiefe des Mittelmeers (maximal 5.300 m) dauert ein kompletter Wasseraustausch mit Atlantikwasser etwa 80 bis 100 Jahre. Als Folge wirken sich die Gezeiten, also Ebbe und Flut, kaum aus bzw. mit weniger als 10 cm nur minimal. Einflussreicher für den Wasserstand sind die Windrichtungen. Lediglich direkt am „Flaschenhals" Gibraltar sowie in der flachen Lagune von Venedig sind die Gezeiten deutlich wahrnehmbar. Die größten Inseln des Mittelmeers sind Sizilien, Sardinien, Zypern, Korsika und Kreta.

Die im Verhältnis zur Größe enorme Tiefe des Mittelmeers – durchschnittlich 1.700 m – erklärt sich aus komplexen plattentektonischen Vorgängen: Das Mittelmeer ist der Rest eines riesigen Ur-Ozeans (Thetys-Meer), der vor mehr als 200 Mio. Jahren den Super-Kontinent Pangäa umgab. Seitdem driftet die afrikanische Platte nordwärts und schiebt sich unter Europa, woraus sich die vielen Erdbeben und der Vulkanismus im Mittelmeerraum erklären – und eben die große Tiefe.

Zur Zeit der großen Vereisungsepochen und damit eines niedrigeren Meeresspiegels als heute war das Mittelmeer deutlich kleiner, vor allem vor 7 Mio. Jahren, als der Meeresspiegel 50 m unter dem heutigen lag. Weil die Verbindungen im Westen zu den Weltmeeren (damals mehr als nur die heutige Straße von Gibraltar) niedriger als 50 m lagen, trocknete das Mittelmeer aus und es bildete sich am einstigen Meeresboden eine dicke Salzkruste. Nach mehreren Vorstößen des Meeres vor 6 bis 5 Mio. Jahren füllte sich das Mittelmeerbecken im Zuge von Klimaerwärmungen wieder mit Meerwasser. In den jüngeren Vereisungsepochen war das Mittelmeer zwar mit Meerwasser gefüllt, aber der Wasserspiegel lag deutlich niedriger – in der Weichsel-/Würmeiszeit vor 15.000 Jahren beispielsweise 120 m unter dem heutigen.

Dass der Salzgehalt des Mittelmeers höher sein muss als in den Weltmeeren, merkt jeder Badende im Mittelmeer. Selbst ohne Schwimmbewegungen treibt man (fast) an der Wasseroberfläche, ohne unterzugehen – Letzteres ist nicht zum Ausprobieren empfohlen! Der Salzgehalt im Mittelmeer ist mit durchschnittlich 3,8 % etwas höher als in den Weltmeeren (3,5 %), weil die Süßwasser herantransportierenden Zuflüsse den Wasserverlust durch Verdunstung nicht ausgleichen können und die Straße von Gibraltar für eine Durchmischung mit dem Meerwasser zu klein ist.

Im Mittelmeer wurden rund 700 Fischarten nachgewiesen, von denen viele überfischt und als Folge vom Aussterben bedroht sind – wie Thun- und Schwertfische. Eine Folge der Überfischung sind Quallenexplosionen (☞ Kasten „Quallen-Alarm", S. 37). Die wohl spektakulärsten Tiere im Mittelmeer sind Wale, darunter in eher geringer Zahl die großen Finn- und Pottwale und in größerer Zahl Delfine.

Geologie

Geologisch lässt sich Menorca in zwei Hälften von unterschiedlicher Zusammensetzung aufteilen, deren Trennlinie von West nach Ost quer durch die Insel verläuft; und zwar von der Inselhauptstadt Maó nach Cala Morell an der Nordküste.

▷ Der nördliche Teil *(Tramuntana)* besteht aus Schichten von 400 bis 200 Mio. Jahre alten Primär- und Sekundärformationen, darunter ist rötlich brauner Buntsandstein, graubrauner Schiefer sowie Kalkstein. Die Küste ist schroff und ungleichmäßig mit vielen Buchten und Inseln, das Inselinnere leicht hügelig.

▷ Der südliche Teil *(Migjorn)* wird aus einem jüngeren (25 bis 5 Mio. Jahre alten) Kalksandsteinplateau aus dem Tertiär gebildet – wie auf den Nachbarinseln Mallorca und Ibiza. Dieses Plateau wird von vielen (rund 40) üppig bewachsenen *barrancs* (Schluchten) bis zu 50 m tief durchschnitten, die sich bei Badebuchten mit oft dahinterliegenden Feuchtgebieten zum Meer hin öffnen. Die Küstenlinie ist gleichmäßiger als im Norden und hat kleinere Buchten, wo Felsklippen von Schluchten unterbrochen werden. Der in mehreren Steinbrüchen abgebaute Kalkstein ist in vielen Gebäuden Menorcas wiederzufinden.

Der Sand auf Menorca inklusive der Sandstrände ist vor allem durch Abrasion und Erosion entstanden, also durch Abtragung des Küstengesteins von salzhaltigem Wind und Wellen.

Flora und Fauna

Pflanzenwelt

Im Frühling wird Menorca von einem bunten Blumenmeer überzogen: Felder voller Mohnblumen, Kronenmargariten, Hyazinthen und Gladiolen. Menorca zählt mehr als 1.200 höhere Pflanzenarten, davon etwa 20 % endemisch, d. h. nur hier vorkommend.

Die häufigsten Baumarten sind immergrüne Kiefern, Steineichen sowie verwilderte Olivenbäume, die oft markant vom Wind verformt sind. Aus Letzteren stammt das Holz für viele Gattertore. Die größten Waldgebiete liegen in der Inselmitte, am Monte Toro. Insgesamt ist etwa ein Drittel der Insel bewaldet.

Eine Übersicht der typischen Pflanzengesellschaften Menorcas:

Der **Steineichenwald** *(alzinar)* im zentralen Teil der Insel und in geschützten Schluchten besteht vor allem aus der typischen Steineiche *(Quercus ilex)*. Dazu gesellen sich menorquinischer Kreuzdorn *(Rhamnus alaternus)* und Myrte *(Martus communis)*.

Ölbaumwälder *(ullastrar)* des südwestlichen Mittelmeers mit dem wilden Olivenbaum *(Olea europeae)* als typische Art gedeihen auf ärmeren und steinigeren Böden, küstennah und windexponiert. Zur wilden Olive gesellen sich oft Steinlinde *(Phyllirea spp.)*, Mastixstrauch *(Pistacia lentiscus)* und reicher Bewuchs im Unterholz. Dieser Waldtyp breitet sich auf früher bewirtschafteten Flächen aus.

Stark im Kommen sind **Kiefernwälder**. Kiefern *(Pinus halepensis)* wachsen schnell nach Waldbränden und sind genügsam – etwa mit Sandboden an der Südküste, wo Steineichen und Oliven nicht so gut gedeihen.

Wie in allen Mittelmeergebieten breitet sich in ehemals bewaldeten Gebieten **Busch- und Strauchvegetation** unterschiedlicher Höhe aus, anderswo Macchia, hier *marines* genannt. Dazu gehören Baumheide *(Erica arborea)*, Zistrosen-Arten *(Cistus spp.)*, Erdbeerbaum *(Arbutus unedo)*, Rosmarin *(Rosmarinus officinalis)* und Mastixstrauch *(Pistacia lentiscus)*. Diese Sträucher stellen keine hohen Ansprüche an den Boden und wachsen schnell, wo die frühere Vegetation – etwa nach Waldbränden – zerstört oder die landwirtschaftliche Nutzung aufgegeben wurde. Hier gedeihen auch endemische Arten wie die menorquinische Kamille *(Santolina chamaecyparisus)*, eine beliebte Heilpflanze, die bei Magen- und Darmbeschwerden sowie Halsschmerzen helfen soll.

Typisch für freie Küstenabschnitte vor allem im Norden von Menorca sind **Socarrells**: dornige Zwergsträucher mit harten Ästen, deren Wuchsform sich dem Wind anpasst und die in kissenförmigen Formationen gedeihen, vor allem am Cap de Favàritx. Diese an übergroße Igel erinnernde Pflanze kommt in fünf Arten auf der Insel vor, von denen zwei endemisch sind: *Centaurea balearica* und *Anthyllis hystrix*. Der Name kommt vom menorquinischen *socarrats* („verkohlt"), weil die Form so ausschaut wie ein verkohlter Rest.

Unter den **Felsspaltenpflanzen** findet man die meisten endemischen Arten – kein Wunder, ist die Verbreitung bei diesem speziellen Lebensraum doch schwierig. Entsprechend selten und gefährdet sind Arten wie der Balearen-Fingerhut

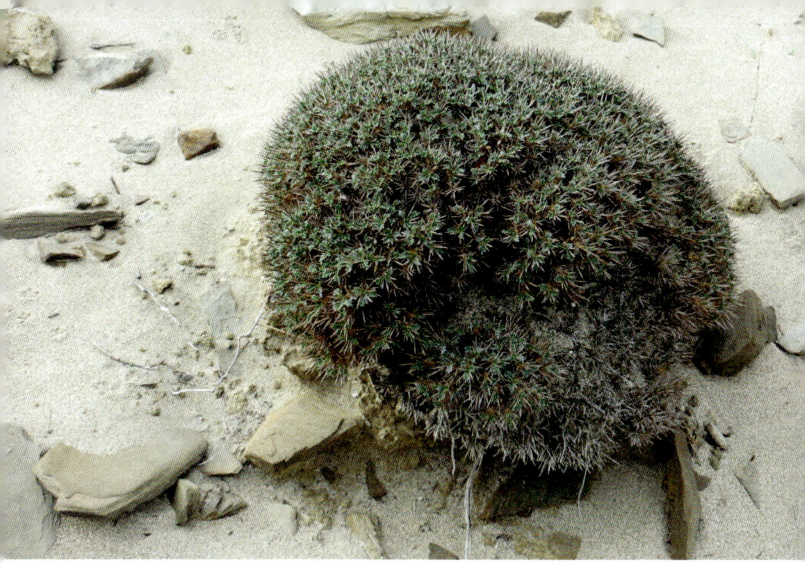

Socarrells (b)

(Digitalis dubia), der schöne Reiherschnabel *(Erodium reichhardii)* oder das Balearen-Alpenveilchen *(Cyclamen balearicum)*.

Menorcas **Dünensysteme** an den Küsten bestehen aus zwei Teilen: der Sandfläche unter Wasser mit Seegraswiesen (☞ unten) sowie dem oberirdischen Teil mit Strand und der Düne selbst. In den Dünen gedeihen Gesellschaften der Wacholdergewächse mit dem Phönizischen Wacholder *(Juniperus phoenicea)*.

In Schluchten, den *barrancs*, herrschen besondere Wachstumsbedingungen, da im Schatten ganzjährig Süßwasser verfügbar ist. Hier gedeihen vor allem Ulmen *(Ulmus)*, Mastixstrauch *(Pistacia lentiscus)*, Schilfrohr *(Phragmites australis)* und Wasserlinsen *(Lemna)*.

Große **Feuchtgebiete** erstrecken sich entlang mehrerer Küstenabschnitte; die bedeutendsten sind s'Albufera im Norden und Son Bou im Süden. Weitere kleinere Feuchtgebiete haben sich am Ende von Schluchten hinter den Stränden bzw. Dünen gebildet. Hier wachsen vor allem Tamarisken, Sadebäume und Schilfrohr. Bei Feuchtgebieten liegen manchmal auch Salzwiesen, die regelmäßig vom Meer überschwemmt werden und daher von salztoleranten Pflanzen wie dem Queller *(Salicornia)* besiedelt werden.

Rund um Menorca bildet das marine Farngewächs *Posidonia oceanica*, häufig als Alge bezeichnet, ausgedehnte **Seegraswiesen** in bis zu 40 m Tiefe, von denen viele wirbellose Meerestiere und Fische profitieren. Im Winter bilden diese Seegraswiesen einen natürlichen Schutz bei Stürmen gegen die heranbrausenden Wellen, während einige der Blätter in die dahinterliegenden Dünen geweht werden und die dort wachsenden Dünenpflanzen so mit organischem Dünger versorgen. Im Sommer wird das Seegras an größeren Stränden weggeräumt – zum Wohle der Touristen, nicht aber des natürlichen Haushalts. Die typischen Seegrasbestände drohen in jüngerer Zeit durch die im Mittelmeer eingeschleppte Alge *Caulerpa taxifolia* überwuchert zu werden.

Auf dem Land wie im Wasser sind eingeschleppte, sogenannte **„invasive" Pflanzen** ein Problem, die sich auf Kosten anderer Arten verbreiten. Auf Menorca ist das vor allem die eingeschleppte Kriechpflanze *Carpobrutus edulis*, wegen der Form der Blätter auch *patata frita* (Pommes frites) oder „Löwentatze" genannt. Widerstandsfähig gegen Dürre verdrängt sie mit ihren weitverzweigten Wurzeln inseltypische Arten vor allem an Felsküsten – wie dem Cap de Favàritx.

Tierwelt

Die auffälligsten Tiere der Insel sind Säuger. Neben den rund 20.000 Kühen und 10.000 Schafen sind das die inseltypischen Pferde: Das menorquinische Pferd ist eine Vollblut-Rasse mit 1.300 Tieren, 1988 offiziell in Spanien als reinrassiges Pferd anerkannt. Charakteristisch für die bis zu 1,60 m großen Huftiere ist der schwarze, längliche Kopf auf einem kräftigen Hals und mit dichter Mähne. Die Pferde sind beliebt bei Reiterinnen und Reitern, die auch auf dem Camí de Cavalls unterwegs sind. Höhepunkt für Pferdefans ist die jährliche Pferdemesse im April in Es Mercadal.

An Kleinsäugern sind Kaninchen, Marder, Siebenschläfer und Igel zu nennen. Erstere werden stark bejagt, genauso wie Fasane und Rebhühner. Größere **Säugetiere**: Fehlanzeige, abgesehen von Nutztieren natürlich.

Bei den **Reptilien** begegnen einem häufig Eidechsen, etwa an Steinmauern. Endemisch ist die menorquinische Eidechse *(Podarcis lilfjordi)*, die durch eingeführte Fressfeinde wie Katze, Marder und Turmfalke an den Rand des Aussterbens gebracht wurde und heute nur noch auf 15 kleineren Inseln rund um Menorca lebt. Andere Arten wurden eingeführt, wie die Brilleneidechse *(Scelaris perspicillata)* oder die Ruineneidechse *(Podarcis sicula)*. Giftschlangen gibt es keine auf Menorca, dafür drei (ungiftige) Natternarten: Trugnatter *(Boiginae)*, Treppen- *(Zamenis scalaris)* und Vipernnatter *(Natrix maura)*. Schildkröten sind in verschiedenen Lebensräumen anzutreffen: Sumpfschildkröte *(Emys orbicularis)* im Süßwasser, Griechische Landschildkröte *(Testudo hermanni)* auf dem Land, vor allem

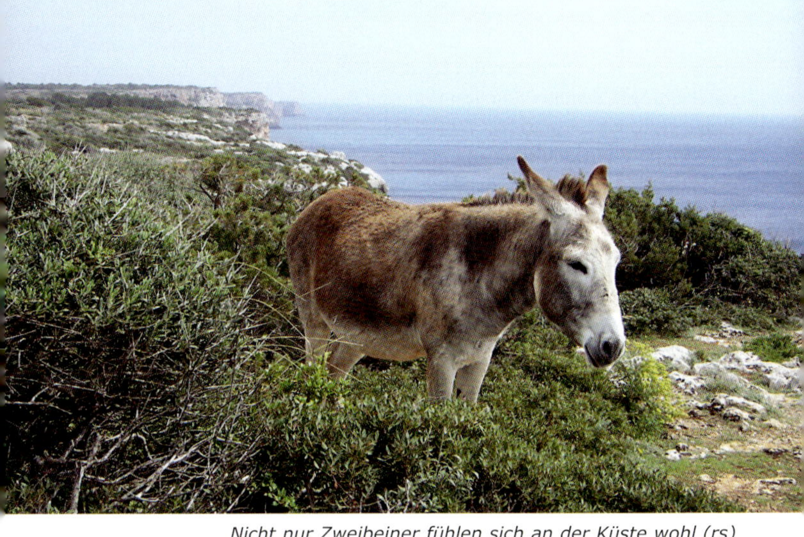

Nicht nur Zweibeiner fühlen sich an der Küste wohl (rs)

in den geschützten Schluchten im Süden sowie auf brachliegenden Feldern. An der Küste sind (selten) folgende Meeresschildkröten anzutreffen: Unechte Karettschildkröte *(Caretta caretta)* und Lederschildkröte *(Dermocheys coriacea)*.

Häufige Vertreter der **Amphibien** sind der Mittelmeer-Laubfrosch *(Hyla meridionalis)* und die Wechselkröte *(Bufo viridis)*, die beide eingeführt wurden. Für buntes Farbenspiel sorgen die 20 Schmetterlingsarten. Besonders häufig sind der Mittelmeer-Zitronenfalter *(Gonepteryx cleopatra)*, Postillon *(Colias croceus)* und Hauhechel-Bläuling (*Polyommatus icarus*).

Mehr als 200 **Vogelarten** sind auf Menorca zu beobachten, manche von ihnen aber nur als Zugvögel. In den Feuchtzonen dominieren Enten, besonders Taucher und Blässhühner *(Fulica atra)*, sowie Fischreiher *(Ardea cinerea)*, Stelzenläufer *(Himantopus himantopus)*, Weißstörche *(Ciconia ciconia)*, Flamingos *(Phoenicopteridae)* und Fischadler *(Pandion haliaetus)* – Letztere mit etwa fünf Brutpaaren. Weiter in Richtung offene See, etwa an Steilküsten und auf Felsen, sind vor allem Mittelmeer- *(Larus michahellis)* und Korallenmöwen (*Larus audouinii*), Kormorane *(Phalacrocorax carbo)*, Balearen- *(Puffinus mauretanicus)* und Mittelmeer-Sturmtaucher *(Puffinus yelkouan)* sowie Krähenscharben *(Phalacrocorax aristotelis)* zu sehen/hören. Westlich von Cala Morell ist eine der bedeutendsten Kolonien von Sepiasturmtauchern *(Calonectris diomedea)* des westlichen Mittelmeers zu

Hause. Über den Steilküsten des Nordens und den Schluchten des Südens kreisen Raubvögel, darunter Rotmilan *(Milvus milvus)*, Fischadler *(Pandion haliaetus)*, Turm- *(Falco tinnunculus)* und Wanderfalke *(Falco peregrinus)*. Der Schmutzgeier *(Neophron percnopterus)* ist mit rund 40 Brutpaaren auf Menorca zu Hause. Ziegenmelker *(Caprimulgus europaeus)* und Eleonorenfalke *(Falco eleonorae)* sind Beispiele für Zugvögel. Auf Feldern sorgen Bienenfresser *(Merops apiaster)*, Grasmücken *(Sylviae)*, Rotkehlchen *(Erithacus rubecula)* und Wiedehopf *(Upupa epops)* für Farbtupfer.

Typische **Fische** rund um Menorca sind der Braune Zackenbarsch *(Mycteroperca marginatus)*, Schriftbarsch *(Serranus scriba)*, Ringelbrasse *(Diplodus annularis)*, Meerbarbe *(Mullida)*, Geißbrasse *(Diplodus sargus)*, Meeraal *(Conger conger)* und Rote Languste *(Palinurus elephas)*. Letztere ist das bedeutendste Opfer menorquinischer Fischer als Hauptzutat der *Caldereta de llagosta*.

Natur- und Umweltschutz

Naturschutz

Seit 1991 stehen mehr als 40 % der Inselfläche unter Naturschutz. Zwei Jahre später folgte die Anerkennung Menorcas durch die UNESCO als **Biosphärenreservat**, das 2019 zum größten marinen Biosphärenreservat im Mittelmeer erweitert wurde. Dass Menorca diese Auszeichnung bekam, verdankt es vor allem folgenden Punkten:

- die traditionelle, eher kleinräumig geprägte „nachhaltige" Landwirtschaft
- die landschaftliche Vielfalt mit allen bedeutenden mediterranen Lebensräumen
- das reiche kulturelle Erbe: die vielen vorgeschichtlichen Funde sowie Gebäude aus den letzten Jahrhunderten
- die fundierte wissenschaftliche Aufarbeitung seit mehreren Jahrhunderten zu Natur und Kultur auf der Insel

Ein Biosphärenreservat bedeutet den Schutz der Landschaft, die dazu in (drei) verschiedene Zonen unterteilt wird: strenge Naturschutzzone, Pufferzone sowie Übergangszone.

Das am strengsten geschützte Gebiet (Zone 1) und Kern des Biosphärenreservats Menorca ist der 5.100 ha große Naturpark s'Albufera des Grau. Die Pufferzone ist weitgehend identisch mit den großteils küstennahen Gebieten, die von der Balearen-Regionalregierung zur Naturzonen von besonderem Interesse erklärt wurden (ANEI). Das ist fast der gesamte Küstenbereich, durch den der Camí de Cavalls führt. Die Schutz- und Pufferzone machen zusammen rund 44 % der Inselfläche aus.

♦ Agència Menorca Reserva de Biosfera beim Rat der Insel Menorca (Consell Insular de Menorca), ☏ 971 35 62 51, 💻 www.biosferamenorca.org (u. a. Englisch)

Nördlich von Menorca liegt ein ebenfalls in drei Zonen unterschiedlicher Schutzintensität unterteiltes **Meeresschutzgebiet**, das 1999 zwischen Fornells und Cap Gros eingerichtet wurde.

Ein bedeutender **Naturschutzverein** ist der **GOB** – Grupo Balear d'Ornitologia y Defensa de la Naturaleza, gegründet 1973, mit einer Menorca-Abteilung seit 1977. Der GOB zählt auf Mallorca rund 5.000 Mitglieder, auf Menorca 1.400. Der aktive Verein hat mehrere Studien und Publikationen über Flora und Fauna der Balearen veröffentlicht, einige auch in deutscher Sprache. Dazu kommt praktische Arbeit wie der Widerstand gegen (illegale) Bauvorhaben in Naturschutzgebieten sowie Säuberungsaktionen in der Natur und Neupflanzungen von Wäldern und Dünen. Die Arbeit des GOB wurde 1997 mit dem spanischen Umweltpreis und 2002 mit der goldenen Medaille der Balearen ausgezeichnet.

♦ GOB, Camí des Castells 53, Maó, ☏ 971 35 07 62, 💻 www.gobmenorca.com (u. a. Englisch)

Umweltschutz

Ein großes Problem – nicht nur auf Menorca – sind großflächige Waldbrände, denn rund 40 % der Inselfläche sind bewaldet. Auf den höchsten Bergen Menorcas sind in den trockenen Sommermonaten Wachposten im Einsatz, um im Falle des Falles schnell mit Feuerwehr und Löschflugzeugen zur Stelle sein zu können.

Die Wasserversorgung der Insel erfolgt eigenständig aus Grundwasservorkommen im Süden Menorcas. Um die Verbrauchsspitzen in der trockenen sommerlichen Hauptsaison abdecken zu können, nahm 2006 eine Meerwasserentsalzungsanlage südlich von Ciutadella den Betrieb auf.

Strom erhält Menorca durch ein Dieselkraftwerk in Maó sowie durch ein Unterwasserkabel von Mallorca. Regenerative Energien haben mit dem 3,5-MW-Windpark Es Milà und einigen Solarparks noch einen sehr überschaubaren Anteil.

Von den 50.000 t des jährlichen Abfalls fallen zwei Drittel in der Hauptsaison an. Der Müll wird teilweise getrennt gesammelt und zur weiteren Verwertung bzw. Verbrennung auch auf die Nachbarinsel Mallorca gebracht. Deren große Müllverbrennungsanlage ist kaum ausgelastet und verbrennt daher Abfälle der Nachbarinsel und vom Fest- und Ausland.

Sehr ambitionierte umweltpolitische Ziele für die Mittelmeerinsel Menorca formuliert der Inselrat in den Aktionsplänen des Biosphärenreservats (Adresse ☞ Naturschutz, S. 18).

Geschichte

Menorca bietet viele Funde aus der (Früh-)Geschichte und wurde in den letzten fast 5.000 Jahren von vielen Volksstämmen besiedelt: Phöniziern, Griechen, Karthagern, Römern, Vandalen, Mauren, Spaniern, Briten und Franzosen. Das ist kein Wunder – liegt Menorca doch zentral im westlichen Mittelmeer, etwa 400 km von der spanischen, französischen und nordafrikanischen Küste sowie 600 km von Korsika entfernt. Dazu bietet die Insel einen der größten Naturhäfen im Mittelmeer und war daher strategisch wichtig, weil dadurch große Flotten geschützt ankern konnten.

Vorgeschichte

Die Spuren menschlicher Besiedlung auf Menorca lassen sich bis in die Jungsteinzeit, d. h. bis vor etwa 4.000 Jahren v. Chr., zurückverfolgen. Wahrscheinlich gelangten die ersten neolithischen Siedlerinnen und Siedler mit Booten von der französischen Mittelmeerküste auf die Balearen. Der älteste Hinweis auf die Existenz von Ackerbau datiert aus dem 3. Jh. v. Chr.

Während der Talaiot-Kultur ab etwa 1500 v. Chr. (bis 123 v. Chr.) entstanden markante Steinmonumente. Die mehr als 1.000 Siedlungsreste machen aus Menorca ein großes Freilichtmuseum der Vorgeschichte:

▷ **Talaiots** sind runde Türme, bis zu 10 m hoch mit einem Durchmesser von max. 20 m, die ab etwa 1000 v. Chr. entstanden. Die Funktion der 270 Talaiots auf Menorca ist unklar; eventuell dienten sie zum Wachen, Verteidigen, Wohnen oder Versammeln. In römischer Zeit wurden die Talaiots als Lagerraum für landwirtschaftliche Erzeugnisse genutzt. In Siedlungen gab es mehrere Talaiots, aber nur eine Taula:

▷ **Taules** sind tischähnliche Gebilde aus großen bearbeiteten Steinblöcken, erbaut um 1400 oder um das 6. Jh. v. Chr. – je nach Autor. Ein Steinblock stand senkrecht in der Erde, der andere wurde waagerecht – T-förmig und tischartig – auf den Stützstein gelegt. Daher der Name: Taula = Tisch.

Diese auf Menorca einmalige Konstruktion wurde hufeisenförmig von einem Mauerring begrenzt und gab es in jeder Siedlung nur einmal. Die frühere Funktion ist umstritten, vermutet werden religioöse oder astronomische Zwecke. Für Letzteres spricht die Ausrichtung aller Taules gen Süden. Aber auch Bedeutungen für kultische Handlungen, etwa einen Heilkult, wurden diskutiert.

▷ **Navetes** sind Steinhütten bzw. Gebäude in Form umgedrehter Boote, die anfangs (ab etwa 2200 v. Chr.) als Wohn- und später (ab etwa 1750 v. Chr.) als Grabstätten dienten, in denen bis zu 100 Menschen bestattet wurden. Diese Gemeinschaftsgräber bestanden meistens aus zwei Stockwerken.

Taula in Torralba d'en Salord (ub)

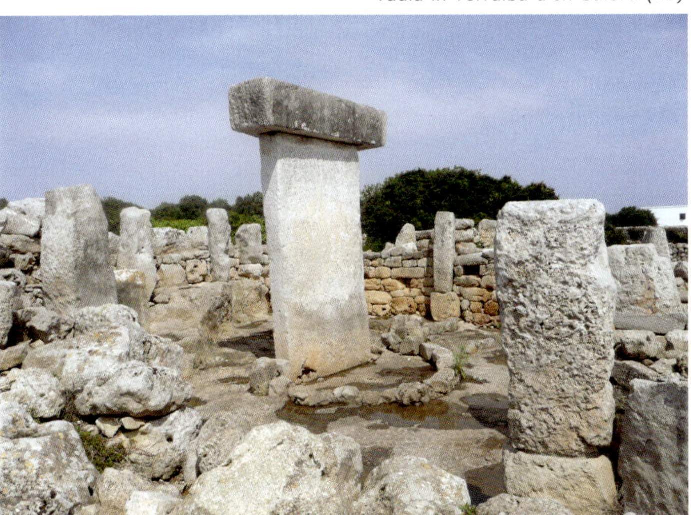

Weitere häufige Funde waren Steinkistengräber, Hypogäen (unterirdische Grabstätten) und Höhlen. Letztere wurden anfangs vermutlich vor allem als Zufluchts- und Lagerraum für Speisen sowie als Wasserauffangbehälter benutzt, ab 750 v. Chr. überwiegend an Küsten auch als Begräbnisstätten.

Menorca in geschichtlicher Zeit

300 v. Chr. landeten Karthager aus Nordafrika auf Menorca. Ihnen folgten 123 v. Chr. die **Römer**. Zur römischen Zeit hieß die Insel *Minor* – die „Kleinere", woraus später *Menorca* wurde (*Mallorca* war die „größere" Insel). Die drei römischen Niederlassungen waren *Sanisera* im Norden, *Mago* (☞ Maó, S. 65) im Osten und *Iamo* (☞ Ciutadella, S. 107) im Westen.

Im Jahr 425 nahmen die Vandalen unter Gunderich die Balearen inklusive Menorca in Besitz. Um 560 fielen die Balearen an das **oströmische Kaisertum** bzw. das Byzantinische Reich. In dieser Zeit entstanden frühchristliche Basiliken wie bei Son Bou.

Von den Arabern bis zu den Türken

Nach einem Intermezzo der Republik Pisa und des fränkischen Reiches gehörte Menorca zum maurischen Kalifat von Córdoba. Die Muselmannen legten ein ausgeklügeltes Bewässerungssystem an und förderten die Landwirtschaft. Das von den Römern gegründete Ciutadella wurde unter dem Namen *Medina Minurka* zur Hauptstadt der Insel ernannt, Landwirtschaft, Kunst und Kultur blühten.

Menorca wurde 1287 unter Alfons III. von den Mauren zurückerobert und die muslimische Bevölkerung versklavt. Menorca gehörte nun ebenso wie Katalonien zur Krone **Aragón**. Zeitweise bildeten die Balearen zusammen mit Teilen Kataloniens einen von einer Nebenlinie des aragonesischen Königshauses regierten selbstständigen Staat, das Königreich Mallorca. 1344 eroberte Peter IV. von Aragón die Balearen. Durch die Vereinigung der Kronen von Aragonien und Kastilien wurden die Inseln später Teil der spanischen Monarchie.

Im Jahr 1535 überfielen **türkische Piraten** unter Barbarossa (Khair ad-Din) mit 30 Schiffen das Eiland und verwüsteten Maó. Bei weiteren Türkenangriffen wurden Tausende menorquinische Menschen als Sklavinnen und Sklaven verschleppt. Um die Insel künftig besser schützen zu können, ließ Kaiser Karl V. die Festung Castell de Sant Felip errichten.

Britische Besetzung

In der Zeit der Spanischen Erbfolgekriege besetzten 1708 britische Streitkräfte Menorca. Der Friede von Utrecht (1713) beendete den Spanischen Erbfolgekrieg und sprach Menorca dann auch offiziell Großbritannien zu. Maó wurde 1722 Inselhauptstadt. Im Siebenjährigen Krieg (1756) gab es ein französisches Intermezzo, ehe die Insel im Pariser Frieden 1763 erneut Großbritannien zugesprochen wurde. Nach dem Eintritt Spaniens und Frankreichs in den Amerikanischen

Unabhängigkeitskrieg eroberten spanisch-französische Truppen 1782 die Insel. Im Frieden von Versailles (1783) musste Großbritannien die Insel formell an Spanien zurückgeben. Von 1798 bis 1802 war Menorca ein drittes Mal britisch besetzt; in dieser Zeit entstanden viele der runden Wachtürme entlang der Küste. In der insgesamt rund 70 Jahre langen Besetzungszeit modernisierte die britische Kolonialmacht die Infrastruktur und legten Sümpfe trocken, um die Landwirtschaft zu fördern.

Menorca wird und bleibt spanisch

1802 fiel Menorca endgültig Spanien zu, wovon das Königreich zunächst wenig profitierte, denn bis 1840 führten Dürren und Missernten zu Auswanderungswellen vor allem nach Nordafrika.

1833 wurde die spanische Provinz der Balearischen Inseln gegründet. Festungen und Leuchttürme entstanden entlang der Küste. Ab 1859 entwickelte sich die Schuhproduktion, die kurz vor der Jahrhundertwende ein Drittel der Menorquinerinnen und Menorquiner ernährte. Hauptexportland war Kuba.

In der zweiten Hälfte des 19. Jh. besuchte der habsburgische Erzherzog Ludwig Salvator neben anderen Mittelmeerinseln auch Menorca – als Ergebnis widmete er zwei Bände seines siebenbändigen Werks „Die Balearen in Wort und Bild" ausschließlich Menorca (Bände VI und VII). Auf insgesamt mehr als 1.000 Seiten schildert er dort ausführlich das Leben auf der Insel – ein wichtiges Dokument aus der Zeit mit anschaulichen Zeichnungen.

Im 20. Jh. litt die Insel unter Diktaturen und beteiligte sich am spanischen Bürgerkrieg gegen Franco, bis sich nach dessen Tod 1975 langsam demokratische Regierungsformen durchsetzten. Die unter Franco verbotene katalanische Kultur und Sprache konnten sich entfalten.

Seit 1983 haben die Balearen einen Autonomiestatus mit einem Parlament in Palma de Mallorca. Ein Inselrat vertritt dort die Interessen der rund 96.000 Einwohnerinnen und Einwohner Menorcas.

Camí de Cavalls – vom Patrouillen- zum Fernwanderweg

Schon im 13. Jh. wurden die ersten Wege für Patrouillenreiter angelegt, um auch die versteckten Buchten kontrollieren zu können. Die älteste Karte, welche den Verlauf des Küstenweges wiedergibt, stammt aus dem Jahr 1781. Der Weg wurde bis 1960 zu Verteidigungszwecken genutzt: sowohl zum Überwachen als auch (früher) zur Kommunikation, indem der Weg die Wachtürme miteinander verband. Und natürlich nutzten die Bewohnerinnen und Bewohner abgelegener

Fincas Teile des Weges. Der durchgehende Küstenweg geriet mit dem Bau mehrerer Urlaubsressorts entlang der Küste in Vergessenheit und war auch nur in Teilen zu begehen, da er über viele Privatgrundstücke führte. Manche Strände waren – wenn überhaupt – nur mit einem „Wegezoll" erreichbar.

Im Jahr 2010 wurde endlich der Camí de Cavalls als durchgehender Küstenwanderweg (wieder) eröffnet und als GR 223 in das Netz der Europäischen Fernwanderwege aufgenommen. Dem waren viele Jahre der Planung, Überzeugungsarbeit gegenüber Grundbesitzerinnen und Grundbesitzern und auch einige Enteignungen vorausgegangen.

Die Wegführung und Infrastruktur ist vorbildlich: gute Markierung und Beschilderung, viele Infotafeln, über feuchte Areale führen Holzbohlenwege und die Durchgänge von Steinmauern sind erneuert – zu erkennen an den vielen neuen seitlichen Steintürmen an Durchgängen, welche die Gatter halten, wenn diese auch teilweise etwas überdimensioniert wirken. Der Camí de Cavalls wird auch mit Pferden und Mountainbikes genutzt. Von daher ist der Wegverlauf gut zu erkennen, auch ohne die (häufigen) Wegweiser (☞ Markierung, S. 45). Der „(Rad-)Rekord" der Umrundung Menorcas auf dem Camí de Cavalls liegt übrigens bei etwa 10 Std., aufgestellt vom Australier Lachlan Morton im Februar 2022.

💻 www.camidecavalls.com (u. a. auf Deutsch)

Wirtschaft

Rund zwei Drittel der Einnahmen auf Menorca werden durch den Tourismus erwirtschaftet. Der Rest entfällt auf Kleinindustrie (Schuhe, Modeschmuck) sowie Bau (jeweils 15 %) und Landwirtschaft (4 %).

Dominierend in der Landwirtschaft war und ist die Viehhaltung, erkennbar an den pyramidenförmigen Steinhütten (*barraques*) besonders bei Ciutadella, die zum Schutz des Viehs vor Unwetter erbaut wurden. Ideal für die Viehhaltung sind die großen Wiesen, die nur von Trockenmauern (*parets seques*) voneinander getrennt sind. Aneinandergereiht sollen sie eine Länge von rund 12.000 km ergeben – das entspricht dem Erddurchmesser! In die Trockenmauern sind zahlreiche Gatter – traditionell aus Olivenholz – eingelassen (*barrera*), damit dort das Vieh – und heute die vielen Wanderinnen und Wanderer – die Mauern durchqueren können.

Heute tummeln sich rund 30.000 Kühe auf Menorca, großteils schwarz-weiß gefleckte Friesenrinder, die den wichtigsten Rohstoff für menorquinischen Käse liefern, ein bedeutendes Exportgut. Im Westen und Norden der Insel wird etwas Getreide angebaut, während in südlichen Schluchten einige Obstbaubetriebe zu finden sind.

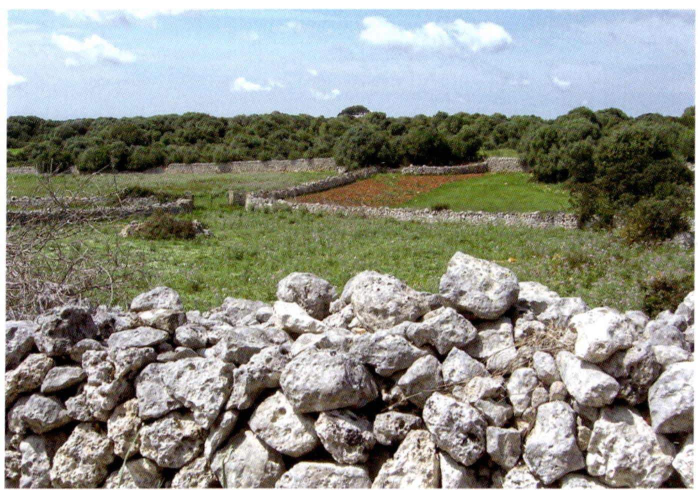

Trockenmauern (rs)

Käse-Insel Menorca

Menorca hat nicht nur friesische Kühe, sondern ist – wie deren Ursprungsland Niederlande – auch bekannt für seine Käseproduktion. Der würzige menorquinische Käse (*Queso Mahón*) wird in traditioneller Art aus Kuhmilch hergestellt: Die Käselaibe werden bei der Lagerung mit Olivenöl bestrichen, um eine besondere Reife zu erlangen. Je nach Alter des Käses werden drei Arten unterschieden: junger (*tierno*) mit bis zu 60 Tagen Reife, mittelalter (*semicurado*) mit 2 bis 5 Monaten Reife sowie gereifter Käse (*curado*), der länger als 5 Monate gereift ist. Erhältlich ist der Käse aus pasteurisierter oder aus roher Milch (*Artisan*).

Jährlich werden mehr als 2 Mio. kg Käse (umgerechnet mehr als 200 kg pro Einwohnerin bzw. Einwohner!) von mehr als 100 Betrieben produziert, Schwerpunkt ist Alaior. Etwa die Hälfte davon ist für Mallorca bestimmt. Das Herkunfts- bzw. Qualitätssiegel „Denominación de Origen" wird streng überprüft.

www.quesomahonmenorca.com

Die Fischerei hat nur noch eine geringe Bedeutung mit einer Flotte von einer Handvoll Kuttern und weniger als 100 Booten. Im (klein-)industriellen Sektor hat die Herstellung von Schuhen und Modeschmuck eine lange Tradition. Im 19. Jh. brachten Remigrierte aus Amerika das entsprechende Know-how mit und begannen mit der Produktion von Schuhen. Heute werden jährlich rund 2 Mio. Paare produziert (umgerechnet rund 20 pro Einwohnerin bzw. Einwohner!).

Wichtigster Ein- und Ausfuhrhafen ist der Hafen von Maó, einer der größten Naturhäfen des Mittelmeers, mit häufigen Fährverbindungen nach Barcelona, Palma de Mallorca und Valencia. Vom neuen Hafen in Ciutadella besteht eine Verbindung nach Alcúdia auf Mallorca.

Entwicklung des Fremdenverkehrs

Die touristische Entwicklung begann später als in anderen Mittelmeergebieten. Die Dominanz anderer wirtschaftlicher Sektoren wie Landwirtschaft und Kleinindustrie führte dazu, dass wenig Interesse am Fremdenverkehr bestand.

Nachdem die ersten britischen Chartermaschinen bereits in den 50er-Jahren landeten, bekam der Tourismus einen richtigen Schub mit der Eröffnung des erneuerten Flughafens 1969. Danach wurden weitere Hotels und Ferienanlagen errichtet, ein Bauboom setzte aber erst in den 70er- und 80er-Jahren ein, großteils finanziert von inselfremden Investoren und internationalen Hotelketten. Architektonische Sünden halten sich glücklicherweise in Grenzen, Hochhaushotels gibt es nur wenige. Derzeit gibt es wenige Neuplanungen. Heute lautet die Maxime wie auch andernorts auf den Balearen: Qualitäts- statt Massentourismus. Dieses Bewusstsein zeigt sich am großen Anteil der unter Schutz gestellten Fläche auf Menorca: rund 43 %. Seit einigen Jahren entwickelt sich auch auf Menorca der Agrotourismus in restaurierten Bauernhöfen auf dem Land. Und der Aktivtourismus wird forciert, wo die Saison länger dauert als beim reinen Strandtourismus, ein Beispiel dafür ist der 2010 eröffnete Wanderweg Camí de Cavalls. In diesen Zusammenhang passt auch die 2016 eingeführte Touristensteuer der Balearen, mit der die touristische Infrastruktur nachhaltig ausgebaut und dazu die Unterschiede zwischen Haupt- und Nebensaison reduziert werden sollen.

Erklärte Zielgruppe der Tourismusplanerinnen und -planer sind vor allem Natur- und Kulturbegeisterte sowie Familien mit Kindern. Und wer besucht Menorca konkret? An den rund 1 Mio. Feriengästen pro Jahr haben Britinnen und Briten den höchsten Anteil, es folgen Gäste aus Deutschland und Italien.

Kulinarische Kultur: Mayo und Langustensuppe

Die menorquinische Küche ist einfacher und deftiger als die mallorquinische. Statt mit Olivenöl wird viel mit Butter und Sahne gekocht.

Die *Salsa Maóesa*, Vorläufer unserer Mayonnaise aus Öl, Eiern und Knoblauch, ist eine wichtige Beilage bei Fisch-, Reis- und Grillgerichten. Nicht unbestritten ist die Vermutung, die Mayonnaise stamme sogar aus Menorca. Sie soll von dort zur Zeit der französischen Besetzung ihren Weg nach Frankreich gefunden und fortan weiter als französische Spezialität ihren Siegeszug rund um die Welt angetreten haben. Für diese Theorie spräche der auf die Stadt Maó hindeutende Name.

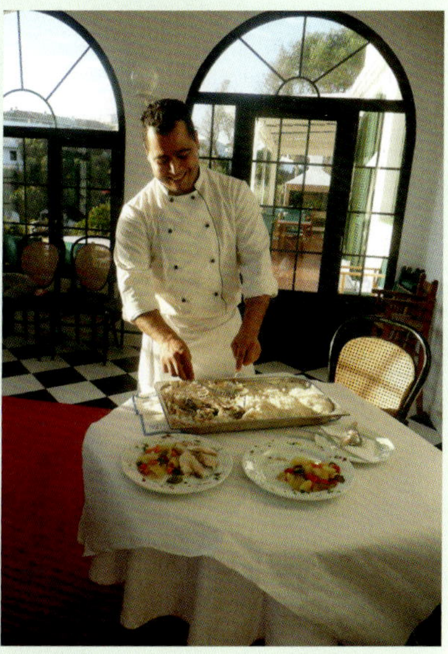

Hotelkoch (ub)

Die *Caldereta de llagosta* (Langustentopf) ist – anders als Mayonnaise – bei Feinschmeckern gerühmt. Es handelt sich um eine Fischbrühe mit Langustenstücken, die auf Zwiebeln, Tomaten, Knoblauch und Petersilie gekocht werden. Grundlage sind Langusten der im Mittelmeer häufigen Art *Palinurus elephas*, die zwischen Mallorca und Menorca besonders aromatisch sein sollen. Heimisch ist die Caldereta in den Fischrestaurants am Hafen von Forrels, wo auch schon mal der spanische König Juan Carlos I. vorbeigeschaut haben soll – wenn der langjährige WWF-Ehrenvorsitzende nicht gerade in Afrika auf Elefantenjagd war. Königlich sind übrigens auch die Preise: Ein Langustentopf kostet rund € 70!

Reise-Infos von A bis Z

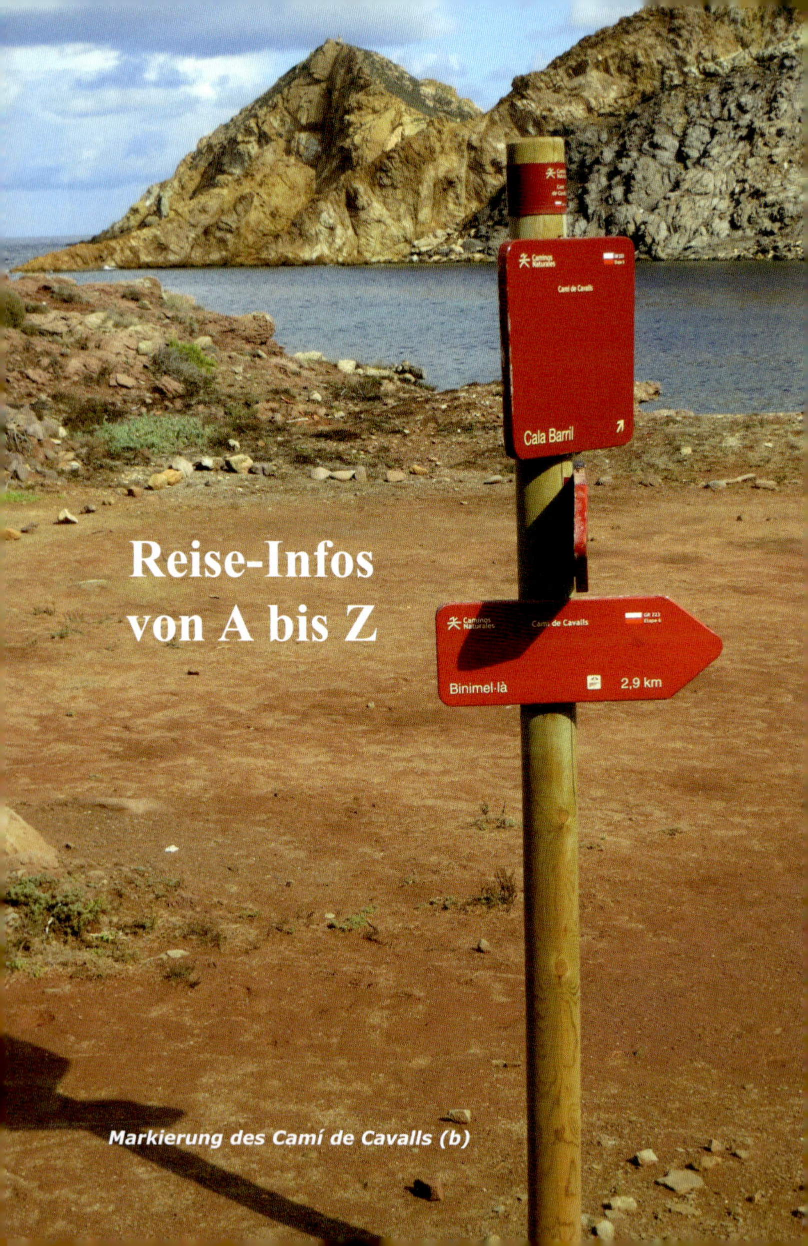

Markierung des Camí de Cavalls (b)

Anreise

Die Anreise nach Menorca erfolgt am schnellsten per Flugzeug. Eine deutlich längere – und meistens leider teurere – Alternative ist der Land- und Seeweg, also per Auto oder noch klimafreundlicher per Bahn nach Barcelona und von dort mit der Fähre nach Menorca.

Anreise per Flugzeug

Direktflüge nach Menorca gibt es in der Saison von einigen größeren Flughäfen in Deutschland. Anbieter von solchen Flügen sind v. a. Eurowings, Easyjet und Ryanair.

Weitere Low-Cost-Flüge sind mit Umstieg etwa in London oder Italien möglich. Direktflüge nach Menorca gab es zuletzt auch in der Sommersaison ab Amsterdam (Transavia) und Brüssel (Easyjet). Der spanische Billigflieger Vueling fliegt günstig von mehreren deutschen Flughäfen nach Barcelona und von dort mit Umsteigen nach Menorca.

- www.eurowings.com
- www.easyjet.com
- www.ryanair.com
- www.vueling.com
- www.transavia.com

In der Nebensaison fliegt man am besten nach Palma de Mallorca oder Barcelona und von dort mit einem Iberia-Inlandsflug nach Menorca oder man schifft sich per Fähre nach Menorca ein (☞ Anreise per Fähre, S. 31). Am einfachsten sind der Preisvergleich und die Buchung über eines der vielen Flugportale wie www.flug.de oder www.opodo.de.

- Aeroport de Menorca, ☎ 913 21 10 00, mah.informacion@aena.es, www.menorca-airport.com

Vom Flughafen Menorca zu Ihrer Unterkunft

Vom Flughafen Menorca fährt die Buslinie Nr. 10 halbstündlich, in der Nebensaison nachmittags stündlich (immer um :55, in Gegenrichtung um :45) zum Busbahnhof von Maó, Fahrzeit 10 Min., www.bus.e-torres.net, Tarif € 2,75. Von dort fahren Busse in alle größeren Inselorte.

Eine Alternative ist das Transferunternehmen Shuttle Menorca, das als eine Art Sammeltaxi Transfers zwischen Flughafen und Hotels anbietet, dafür aber erstaunlich hohe Tarife nimmt, die oft über denen von Taxis liegen:

- Shuttle Menorca, ☏ 971 36 99 92, info@shuttlespaintransfers.com, www.shuttlemenorca.com

Alternativ kostet das Taxi etwa € 14 nach Maó oder € 20 nach Cala en Porter an der Südküste:

- Radio Taxi Menorca, 699 00 77 90, info@taxismenorca.es, www.taxismenorca.es

Anreise per Bahn nach Barcelona

Die klimafreundlichste Anreise erfolgt per Bahn nach Barcelona, aber dafür braucht man viel Zeit (ab Frankfurt mindestens 13 Stunden) – und meistens auch mehr Geld als für einen Flug (etwa ab € 200, mit Busverbindungen etwa ab € 120). Bei nötigen Umstiegen (und vor allem in Paris mit mehreren Bahnhöfen) sollte man genug Zeit einplanen, weil die üblichen Fahrkarten mit Zugbindung bei den Bahnbetreibern selbst nicht durchgängig buchbar sind und daher im Falle von Verspätungen kein Entgegenkommen oder keine Kulanz zu erwarten ist.

Bei der Deutschen Bahn kann man maximal bis Paris buchen.

www.bahn.de

Bei der französischen SNCF kommt man weiter; hier sind Buchungen von Deutschland nach Barcelona möglich, beim Stand der Recherche (2022) aber nur in zwei Schritten ab/an Paris.

www.sncf.com/de

☺ Das Bahnportal *trainline* ermöglicht den Kauf internationaler Bahntickets für die gesamte Strecke aus einer Hand, die zu einem minimalen höheren Preis gegenüber den regulären Bahnfahrkarten angeboten werden, Sparpreise und Rabatte wie BahnCard werden berücksichtigt. Eine Fahrkarte nach Barcelona kann durchgehend gebucht werden und wurde 2022 ab etwa € 200 angeboten.

www.thetrainline.com

☺ Günstiger ist in den meisten Fällen die Anreise mit dem Interrail Global-Pass, der an einer bestimmten Zahl von frei wählbaren Tagen innerhalb eines Monats die freie Bahnfahrt in Europa zzgl. Reservierungsgebühren in reservierungspflichtigen Zügen (wie TGV in Frankreich) ermöglicht; 4 Tage kosteten zum Zeitpunkt der Recherche (2022) für Erwachsene € 246.

www.interrail.eu

Anreise per Fähre

Mit der Fähre oder dem Schnellboot gelangt man von Barcelona (dorthin per Bahn, Auto oder Flug) oder Mallorca (Flug) nach Menorca. Bei nächtlichen Fährüberfahrten sind Liegesessel recht günstig, während für Kabinen teilweise ordentliche Aufpreise verlangt werden.

Zwei Reedereien bieten beide Strecken ab etwa € 50 an (einfache Fahrt); die Fahrt dauert von/nach Barcelona etwa 7 bis 10 Stunden, von/nach Mallorca 4 Stunden oder 2 Stunden (mit der Schnellfähre von Balearis). Balearis bedient den Westen der Insel mit dem Fährhafen Ciutadella, Transmed steuert Maó an.

☺ Die Fährgesellschaften bieten gelegentlich besonders günstige Tarife für Hin- und Rückfahrt an!

Buchungsmöglichkeiten und Infos zu den Fährlinien:

- Transmed, ☏ 96 09 13 31 6, callcenter@trasmedgle.com, www.trasmed.com (Spanisch)
- Balearia, ☏ 91 26 60 21 5, www.balearia.com (u. a. auf Englisch)

Vom Flughafen Palma de Mallorca zum Fährhafen Alcúdia

Zwischen dem Flughafen Mallorca und dem Fährhafen Alcúdia verkehrt in der Sommersaison stündlich die Buslinie A32 (Fahrtdauer 1 Stunde, etwa € 10), www.tib.org.

Alternativ kostet die rund 60 km lange Strecke mit dem Taxi ab etwa € 80.

Vom Flughafen und Bahnhof Barcelona zum Hafen Barcelona

Der Hafen Barcelona (Estación Maritima Baleares, Terminal Trasmediterranea) liegt etwas südlich der berühmten Straße La Rambla, 17 km vom Flughafen und 4 km vom Bahnhof Barcelona-Sants entfernt.

Vom Flughafen kommen Sie mit dem Shuttlebus (Aerobús, www.aerobus-barcelona.es) zur Plaza de Catalunya (€ 5,90) und von dort mit dem Taxi zum Hafen (etwa € 8). Alternativ kostet das Taxi vom Flughafen zum Fährhafen mindestens € 30.

Vom Bahnhof verkehrt der Stadtbus D20 (www.tmb.cat) alle 15 Minuten in 20 Minuten zur Haltestelle „Les Drassanes" am Hafen (€ 3), alternativ kostet das Taxi mindestens € 12.

☺ Bei allen Buchungen für Flüge, Bahnen und Schiffspassagen gibt es kontingentierte Sondertarife. Das heißt: Je früher gebucht wird, desto günstiger ist es meistens.

Ausrüstung

Die Zusammenstellung der Ausrüstung hängt im Wesentlichen von der Jahreszeit der Wanderung sowie der Art der Wanderung ab. Im Folgenden finden Sie eine grobe Ausrüstungsliste, wobei die Punkte Wanderstiefel, Regenzeug und Erste Hilfe ausführlicher behandelt sind. Sollten Sie Ihr gesamtes Gepäck ständig selbst mit sich tragen (Alternative: gebuchte Pauschalen mit Gepäcktransport, ☞ Pauschalen, S. 47), sollten Sie versuchen, das Gesamtgewicht des Rucksackes möglichst auf ca. 17 kg zu beschränken, anders ist das Wandern keine echte Freude!

📖 **Trekking** von Michael Hennemann, Conrad Stein Verlag, Basiswissen für draußen, Band 7, ISBN 978-3-86686-007-0, € 8,90

Obligatorisch

Auf jeden Fall sollten bei jeder Wanderung dabei sein:

- ☐ gut sitzende Wanderstiefel, möglichst knöchelhoch (☞ rechts)
- ☐ Regenzeug (☞ S. 34)
- ☐ Erste-Hilfe-Set (☞ S. 35)
- ☐ Sonnenschutz: Sonnenbrille, Sonnenmütze, Sonnencreme (empfohlen: im Sommer mindestens Faktor 20)
- ☐ Wasserflasche (mindestens 1 Liter)
- ☐ Energiereserve in Form von Müsliriegel, Trockenobst, Nüssen
- ☐ Taschenmesser, Multitool o. Ä.
- ☐ Smartphone mit geladenem Akku
- ☐ ggf. Karte, idealerweise im Maßstab 1:50.000
- ☐ Adresse der nächsten Unterkunft und/oder Wanderreisebuch
- ☐ für Camper: leichtes Zelt, Isomatten, Schlafsäcke, Kochgeschirr und Kocher

Empfohlen

Eine sinnvolle Ergänzung der Ausrüstung, aber nicht notwendig sind folgende Dinge:

- ☐ Brotzeit
- ☐ GPS-Empfänger (z. B. Marke Garmin) oder entsprechende App auf dem Smartphone mit gespeichertem Track des Weges (☞ GPS, S. 42)

- ☐ Kamera mit Ersatz-Speicherkarte sowie geladenem Akku
- ☐ multifunktionale Outdoor Kleidung (leicht und einfach waschbar)
- ☐ Sitzkissen, falls Ihnen Holzbänke, Steinmauern o. Ä. als Sitzuntergrund zu hart sind

Wanderstiefel

Wanderstiefel müssen gut sitzen, um die Gefahr der Entstehung von Blasen zu minimieren. Wichtig ist, dass die Wanderstiefel „eingelaufen“ sind, was man am besten mit leichten kurzen Touren zu Hause macht. Denn Blasen bilden sich vor allem an Stellen, wo sich der Stiefel noch nicht der Form des Fußes oder Knöchels angepasst hat.

Wenn sich dennoch die ersten Scheuerstellen bilden, ist man mit Hansaplast oder einem in der Apotheke erhältlichen Blasenstick gut bedient, um der Blasenbildung entgegenzuwirken. Bei bereits vorhandenen Blasen sind Blasenpflaster erste Wahl (Compeed), die in fast allen Apotheken in verschiedenen Größen erhältlich sind.

Bezüglich des Materials hat jeder seine Favoriten: Viele favorisieren leichte Materialien, die auch schneller trocknen als etwa Leder. Dafür bieten die relativ schweren Lederstiefel besonders stabilen Halt. Manche Wanderstiefel sind mit wasserabstoßenden Schichten wie Goretex versehen – ein Verkaufsargument, dessen Nutzen unterwegs allerdings umstritten ist. Wohl ist eine Goretex-Beschichtung besser als gar keine, aber eine Garantie auf trockene Füße ist damit nicht gegeben. Wenn es kräftig genug regnet, ist es auch bei mit Goretex beschichteten Wanderstiefeln nur eine Frage der Zeit, bis diese Wasser nach innen durchlassen. Relativ sicher gegen von außen eindringendes Wasser sind Stulpen, von denen die besseren aus atmungsaktivem Material gefertigt sind.

Immer häufiger werden nicht knöchelhohe Trekkingschuhe verwendet. Diese sind luftiger und leichter und damit bequemer. Im Hochgebirge ist davon abzuraten, aber auf Wegen in eher flacherem Gelände wie dem Camí de Cavalls sind sie zum Gehen angenehmer, vor allem bei Hitze.

Wer allerdings nicht ganz trittsicher ist, sollte auf dem Camí de Cavalls lieber einen knöchelhohen Schuh wählen, denn es gibt zwar keine langen „alpinen“ Passagen, aber doch einige kurze An-/Abstiege, die vor allem bei Nässe sehr rutschig sein können. Knöchelhohe Wanderstiefel schützen und stützen den Fuß besser als die kürzeren Trekkingschuhe, was negative Folgen des Abrutschens an steilen, felsigen oder nassen Stellen minimiert und so Verletzungen verhindern kann.

Regenzeug

Jede Wanderin bzw. jeder Wanderer hofft, ohne Regen das Ziel zu erreichen. Nach einer subjektiven Einschätzung vieler regnet es gerade dann besonders kräftig, wenn man kein Regenzeug dabeihat. Daher sollte man lieber entsprechend gerüstet den Launen der Natur in Form von Regenfällen entgegensehen. Vor allem im Frühjahr und Herbst sind schnell einsetzende, heftige und meistens kurze Regenschauer keine Seltenheit am Mittelmeer.

Einige Methoden gegen Regen und deren Vor- und Nachteile:

▷ Normale Regenjacke (auch aus Goretex): schnell anziehbar und handlich, allerdings schwitzt man nach längerer Zeit kräftiger (auch bei Goretex), weil Schweiß nur bedingt nach außen austreten kann.

▷ Regenhose: hält die Beine sowie die Stiefel trocken, weil kein Wasser in die Stiefel hereinlaufen kann. Nachteil wie bei Regenjacken: Die Hose wird schnell von innen feucht, weil Schweiß kondensiert. Ein weiterer Nachteil: Viele Regenhosen sind umständlich an- und auszuziehen. Nicht selten hat der Regen aufgehört, wenn man seine Regenhose gerade mühsam angezogen hat. Praktisch bei Regen sind kurze Hosen (wenn die Temperaturen nicht zu kalt sind), dann hat man keinen Ärger mit Kondenswasser sowie ständigem An- und Ausziehen. Und nackte Beine trocknen auf jeden Fall schneller als Hosen – aus welchem Material auch immer. Lediglich die Stiefel sollte man dann im Schaftbereich gegebenenfalls mit kurzen Stulpen vor hereinlaufendem Wasser schützen.

▷ Regenüberzug für den Rucksack: schützt Ihre Ausrüstung vor dem Regen. Bei vielen Rucksackmodellen ist ein Regenüberzug inzwischen integriert. Wenn Sie einen Regenponcho oder einen weiten Regenschirm verwenden (s. u.), erübrigt sich der Rucksack-Regenüberzug.

▷ Regenponcho: sieht nicht elegant aus und ist etwas mühsam anzuziehen (über Körper und Rucksack), hat aber den Vorteil, dass er Wanderinnen und Wanderer mitsamt Ausrüstung vor Regen schützt und gleichzeitig wegen seiner weiten Form für mehr Durchlüftung sorgt, d. h., man schwitzt nicht so schnell und hat innen weniger Kondenswasser.

▷ Regenschirm: lange Zeit bei Outdoor-Freaks verpönt, aber inzwischen bei vielen Wanderprofis der „Hit". Der Vorteil: Regenschirme schützen Wanderinnen und Wanderer und Ausrüstung ausgiebig vor Regen, wobei für genügend Durchlüftung gesorgt ist und man kaum schwitzt. Außerdem hat man einen trockenen „Raum" vor sich, etwa für Wanderkarte, Wander-

führer, Smartphone oder Kamera. Der Schirm ist schnell aus- und eingeklappt, d. h., man ist auch bei kurzen Regenschauern äußerst flexibel – anders als etwa bei Regenhosen und -ponchos. Inzwischen bieten viele Outdoorläden sturmerprobte und langlebige Schirme für unterwegs an.
Allerdings ist der Einsatzbereich von Schirmen eingeschränkt: Bei starkem Wind oder bei kleinen Pfaden im Unterholz mit vielen Sträuchern ist der Schirm keine echte Hilfe.

☺ Fazit: Ideal ist die Kombination aus leichter, regenundurchlässiger beschichteter Outdoorjacke (Gorextex o. Ä.) mit Schirm. Für ganz harte Fälle, d. h. sehr viel Regen, ist der Regenponcho eine erprobte Lösung.

Erste Hilfe & Medikamente

- ☐ Verbandszeug
- ☐ Desinfektionsmittel
- ☐ Pflaster
- ☐ Zeckenpinzette
- ☐ Aspirin- oder Paracetamol-Tabletten
- ☐ Tabletten gegen Durchfall
- ☐ Salbe gegen Insektenbisse/-stiche
- ☐ Mullbinde und Hansaplast

☺ Abschließend noch zwei allgemeine Tipps:

▷ In manchen als Jagdrevier gekennzeichneten Gebieten (*vedat de caça privat/coto de caza privado*) ist vor allem im Herbst und an Sonntagen helle Kleidung angeraten, im Idealfall noch mit Reflektoren.

▷ Bei allen Teilen der Ausrüstung gilt: Praktische und einfache Dinge sind wichtiger als modische oder nutzlose High-Tech-Accessoires.

Auto

Mietwagen

Am Flughafen sind mehrere Mietwagenfirmen vertreten; Kleinwagen gibt es schon ab € 35 pro Tag und € 120 pro Woche – mit preislichen Auswüchsen in der Hauptsaison (Juli/August). Eine vorherige Reservierung ist aus Preisgründen empfehlenswert und in der Hochsaison aus Kapazitätsgründen notwendig.

Zu bevorzugen sind Mietverträge mit Inklusivpreisen, also unbegrenzten Kilometern und Vollkaskoversicherung sowie möglichst geringer Eigenbeteiligung im Schadensfall. Gegebenenfalls ist auch die Angabe einer zweiten Fahrerin oder eines zweiten Fahrers im Mietvertrag sinnvoll, meistens aber kostenpflichtig. Achten Sie auch auf mögliche zusätzliche Kosten wie lokale Steuern und Flughafenzuschlag.

Neben den großen bekannten Autoverleihfirmen bieten u. a. folgende Websites günstige Angebote:

- www.menorcarent.net
- www.sunnycars.de
- www.rentalcars.com

Abweichende Verkehrsregeln in Spanien

In Spanien ist es nicht erlaubt, tagsüber mit Licht zu fahren – es sei denn, das Wetter ist besonders schlecht.

Folgende Höchstgeschwindigkeiten gelten in Spanien:

- *via rapida* (Schnellstraße) und breite Straßen (auf Menorca ist das die ME1): 100 km/h
- sonstige Straßen: 90 km/h
- Ortschaften: 50 km/h bzw. in Ferienorten 30 km/h

In Spanien ist es seit 2004 vorgeschrieben, beim Verlassen des Fahrzeuges außerhalb geschlossener Ortschaften nach einer Panne oder nach einem Unfall eine Warnweste zu tragen. Diese kann gelb, orange oder rot reflektieren und muss mit dem europäischen Kontrollzeichen EN 471 gekennzeichnet sein. Ohne Warnweste droht ein Bußgeld. Mietwagen sind im Idealfall mit Warnwesten ausgestattet, fragen Sie aber lieber im Zweifelsfall vorher bei der Vermietung nach oder nehmen welche mit.

 **Taxi** ☞ Verkehrsmittel unterwegs, S. 55

Baden

Unterwegs erwarten Sie mehr als 70 Strände, davon rund 50 Sandstrände, großteils in Buchten: im Norden eher kleinere, im Süden auch größere **Strände**. Oben ohne ist verbreitet, FKK offiziell nicht erlaubt, wird aber an einsamen Buchten wie Cala Morella Nou oder Cala Presili praktiziert. In der Sommersaison sind mehrere Boote unterwegs, um das Meerwasser rund um die Insel und damit die Strände von Abfällen zu befreien, die leider immer zahlreicher auf den Weltmeeren schwimmen – vor allem Plastikmüll.

Ein „beach guide" des Inselrats bietet im Internet einen Überblick über das Strandangebot Menorcas mit Infos zu mehr als 80 Stränden der Insel in Echtzeit:

www.platgesdebalears.com (u. a. Deutsch)

Die Strände Menorcas sind in drei Typen unterteilt – je nach Erschließung und entsprechender Besucherzahl:

A: Strände in dicht besiedelten Gebieten, gut zu erreichen, mit viel Service- und Freizeiteinrichtungen; etwa 34 % der Strände

B: ursprüngliche Strände, gut mit Rädern oder zu Fuß erreichbar, nahe von Straßen, ohne besondere Einrichtungen; etwa 20 %

C: naturnahe Strände, nur zu Fuß erreichbar und daher seltener besucht; etwa 46 %

Falls Sie lieber im Süßwasser baden, bleibt Ihnen nur der nächste Typ: ein Swimmingpool, wie von fast allen größeren Unterkünften auf Menorca geboten.

Bei bewachten Stränden weisen Flaggen auf die Badebedingungen bzw. Gefahren hin:

- Rote Flagge: Es herrscht absolutes Badeverbot.
- Gelbe Flagge: Baden ist erlaubt, aber Vorsicht – etwa wegen Brandung!
- Grüne Flagge: Baden ist erlaubt.
- Orange Flagge: Rettungsschwimmerinnen und -schwimmer sind abwesend.

Quallen-Alarm

Schon seit Jahren ist von explosionsartig zunehmenden Schwärmen von Leuchtquallen, auch Feuerquallen genannt, im Mittelmeer zu lesen, von der Boulevardpresse wegen der Betroffenheit von der Deutschen liebsten Urlaubsinsel „Malle-Qualle" genannt. Dort und an manchen anderen Stränden war/ist tagelang das Baden an bestimmten Stränden nicht möglich, bis diese erst mal gereinigt oder die Quallen von der Meeresströmung fortgetrieben sind.

Wer ist der „Übeltäter", warum vermehrt er (bzw. die Qualle) sich so stark und was ist nach Berührung mit dieser sogenannten „Leuchtqualle" zu tun? Hier Antworten auf diese Fragen:

Die Leuchtqualle heißt auf Lateinisch *Pelagia noctiluca*, wörtlich so viel wie „im Meer Nachtleuchtende", weil die Quallen bei Erschütterung leicht leuchten

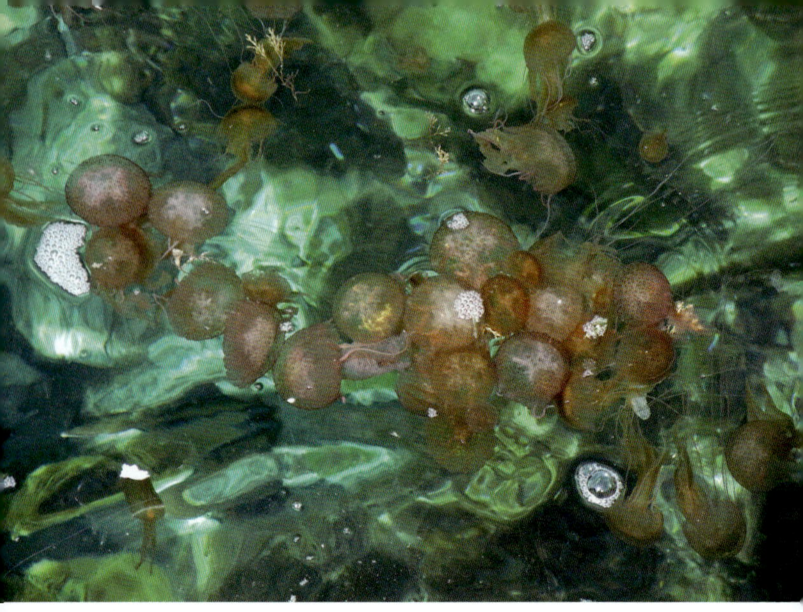

Leuchtquallen (b)

(Biolumineszenz). Die Leuchtquallen wandern in großer Zahl durch wärmere Meere wie das Mittelmeer. Diese Quallenschwärme können kilometerlang sein und bis zu 20 m tief reichen. Tückisch für Opfer bzw. Menschen sind die Tausenden von Nesselzellen, die an den acht bis zu 1 m langen Fangtentakeln sitzen und bei Feindberührung mit Gift gefüllte Nesselkapseln auf ihre Opfer feuern und dabei auch Menschenhaut durchdringen. Dabei kommt es zu Verbrennungserscheinungen (Reizung), in schlimmen Fällen auch zu Übelkeit und Kopfschmerzen. Als Folgen der Verbrennung können Bläschen oder abblätternde Hautteile noch Wochen bis Monate später an den Quallenkontakt erinnern.

Was ist zu tun nach Kontakt mit der Leuchtqualle?

Zunächst sollten mögliche Quallenreste vorsichtig (mit der Pinzette) von der Haut entfernt werden. Auf keinen Fall reiben oder kratzen – dabei könnten weitere Giftkapseln aufplatzen. Danach sollte die Haut mit Meerwasser abgespült werden (nicht mit Süßwasser!). Zur weiteren Versorgung empfiehlt sich eine Säure (Essig, notfalls auch Zitrone) oder heißes (> 60° C) Wasser (notfalls auch Tee/Kaffee); beides führt zur Zersetzung der Giftenzyme. Zur Linderung der Verbrennungserscheinungen tragen danach Eiswürfel in Plastikbeuteln sowie lindernde Salben bei, notfalls kortisonhaltige. In dermatologischer Literatur wird Magnesiumsulfatlösung für die Soforthilfe empfohlen, aber das hat nicht jeder Badende sofort zur Hand ...

Warum verbreiten sich die Leuchtquallen so stark?
Die Leuchtqualle liebt warmes Wasser. Die Temperatur des Mittelmeers ist in den letzten Jahrzehnten um 2 bis 3° C gestiegen – optimal für Quallen, die sich zudem keine Sorgen um ihre Nahrung machen müssen. Pflanzliches Plankton – also Algen – gedeiht prächtig durch überdüngte Zuflüsse. Ferner wird durch abnehmende Niederschläge das Beinahe-Binnenmeer Mittelmeer zunehmend salziger. Für die Leuchtqualle ist das kein Problem, für einige Fressfeinde (Fische) schon. Die wohl wichtigste Ursache für die explosionsartige Zunahme der Leuchtqualle sehen viele Biologinnen und Biologen in der Überfischung. Nahrungskonkurrenten um das Plankton sowie Fressfeinde, vor allem beliebte und im Mittelmeer bis an den Rand der Ausrottung überfischte Arten wie Thun- und Schwertfisch, sind kaum noch vorhanden. Fazit: Mit jedem nicht gegessenen (seltenen) Fisch vermindern Sie das Risiko eines Quallenkontakts.

☺ Noch besser ist es natürlich, den Quallen erst gar nicht zu begegnen. Unter Inselkennerinnen und -kennern kursiert ein Erfahrungswert, dass Quallen oft der vorherrschenden Windrichtung (und damit meistens der Meeresströmung) mit ein bis drei Tagen Verzögerung folgen. Weht also lange Zeit der Nordwind (Tramuntana), sind viele Strände an der Südküste mit relativ hoher Wahrscheinlichkeit quallenfrei.

Diplomatische Vertretungen

Botschaften in Spanien

(D) Calle de Fortuny 8, 28010 Madrid, ☎ 915 57 90 00, 💻 www.madrid.diplo.de

(CH) Calle de Núñez de Balboa 35 A, 7°, 28001 Madrid, ☎ 914 36 39 60, ✉ madrid@eda.admin.ch, 💻 www.eda.admin.ch/madrid

(A) Paseo de la Castellana 91, 9°, 28046 Madrid, ☎ 915 56 53 15, ✉ madrid-ob@bmeia.gv.at, 💻 www.bmeia.gv.at/botschaft/madrid.html

Nächstgelegene Konsulate

(D) Generalkonsulat Barcelona, Torre Mapfre, C/ de la Marina 16-18, 30°, 08005 Barcelona, ☎ 932 92 10 00, ✉ info@barcelona.diplo.de, 💻 www.barcelona.diplo.de

♦ Honorarkonsul Menorca, Klaus Alexander Griebl, Avinguda de J. Anselmo Clavé, 07703 Mahón/Menorca, ☏ 971 36 16 68, ✉ mahon@hk-diplo.de

(CH) Konsulat Barcelona, Gran Via de Carlos III, 94, 7°, Edificios Trade, 08028 Barcelona, ☏ 934 09 06 50, 💻 www.eda.admin.ch/barcelona

(A) Honorargeneralkonsulat Barcelona, Marià Cubí, 7, 1°, 2a, 08006 Barcelona, ☏ 933 68 60 03, ✉ barcelona@consuladodeaustria.com

♦ Konsulat Mallorca, C/ Paraires 23, principal, 07001 Palma de Mallorca, ☏ 971 42 51 46, ✉ consuladoaustriapalma@mmmm.es

Einkaufen

Auf Menorca heißen selbst kleine Tante-Emma-Läden „Supermercado". Richtig große Supermärkte gibt es nur in den größeren Ortschaften. Eine größere Kette mit mehreren Filialen auf Menorca ist „Binipreu", mit z. B. einer größeren Filiale im Ortszentrum von Maó unter dem Markt im alten Kreuzgang. Lebensmittelläden gibt es in allen Ortschaften, die allerdings an der Nordküste dünn gesät sind.

Die **Öffnungszeiten** sind in der Regel Mo bis Fr 9:00 bis 13:30 und 17:00 bis 20:00, am Sa nur vormittags. In den Feriensiedlungen entlang der Küste sind die Läden ganztägig und bis spät abends geöffnet, viele sind dafür außerhalb der Haupt- und Nebensaison komplett geschlossen.

Elektrizität

Die Netzspannung in Spanien beträgt wie in Deutschland 220 V. Die Steckdosen sind dieselben wie in Deutschland (sogenannte Schuko-Steckdosen), weshalb kein Adapter nötig ist. Früher gab es andere Steckdosen, von daher kann in einigen (sehr) alten Reiseführern noch von notwendigen Adaptern die Rede sein.

Essen und Trinken

Hotels, Gasthöfe und Bars entlang des Camí de Cavalls sind im Routenteil dieses Buchs angegeben. Berücksichtigen Sie bei (besseren) Restaurants die spanischen Essenszeiten: mittags frühestens um 13:00, abends frühestens um 21:00. In Touristenzentren ist allerdings eine gewisse Anpassung an nordeuropäische Essenszeiten (und -gewohnheiten) festzustellen.

Im Routenteil finden Sie ebenfalls Einkaufsgelegenheiten wie Supermärkte, die saisonal oft schwankende Öffnungszeiten bis hin zu langen Winterpausen haben (☞ Einkaufen, S. 40).

Die Einkehr- und Einkaufsdichte entlang der Südküste ist deutlich höher als im Norden, wo Sie bei den ersten fünf Etappen manchmal kaum touristische Infrastruktur finden und sich entsprechend gut vorbereiten müssen. Beachten Sie allerdings, dass in vielen Touristensiedlungen die Einkehr- und Einkaufsgelegenheiten nur in der Touristensaison geöffnet sind (etwa April bis Oktober, manchmal auch nur im Sommer).

Für Wanderinnen und Wanderer wichtig ist die **Wasserversorgung**: Brunnen sind Mangelware bzw. kaum vorhanden, daher ist die Mitnahme von genügend Wasser – vor allem im dünner besiedelten Norden – wichtig. Das Leitungswasser ist offiziell trinkbar. Wer auf Nummer sicher gehen will, holt sich sein Wasser im Supermarkt, wo es günstig verschiedenste Wässerchen gibt, mit *(agua con gas)* oder ohne *(sin gas)* Kohlensäure.

Feiertage

Im Sommer gibt es beinahe jedes Wochenende irgendwo ein Patronatsfest. Das sind Feste, die den Schutzheiligen der jeweiligen Orte oder Kirchen gewidmet sind.

Dazu kommen folgende wichtige Feiertage auf Menorca:

17. Januar	Festa de Sant Antoni (der heilige Antonius ist Schutzheiliger der Insel)
1. März	Dia de les Illes Balears (Feiertag der Balearen)
12. Oktober	Dia de la Hispanidad (Tag der Entdeckung Amerikas)
Ostern	Geschäfte sind Ostern sowie am Nachmittag des Gründonnerstags geschlossen
6. Dezember	Tag der spanischen Verfassung
25./26. Dezember	Weihnachten

Feiertage in den beiden größten Städten:

23. bis 24. Juni	Sant Joan in Ciutadella
7. bis 8. September	Mare de Déu Gràcia in Maó

Geld

Für kleine Einkäufe sollten Sie auf jeden Fall genügend Bargeld dabeihaben, da kleinere Läden oft keine Kredit- oder Geldkarten akzeptieren. In größeren Geschäften sowie Hotels ist das natürlich kein Problem. Bei der Automiete wird eine Kreditkarte vorausgesetzt und gelegentlich auch – als Kaution – vorübergehend belastet. Geldautomaten sind in allen größeren Orten vorhanden, oft fallen dabei aber Gebühren an.

☺ Einige Banken bieten mit (VISA-)Kreditkarten gebührenfrei Bargeld aus Automaten innerhalb der gesamten EU, etwa ING-DiBa. Entsprechende Vorschriften bzw. Angebote sind aber nicht in Stein gemeißelt ...

Kredit-/Geldkarte verloren? Über eine einheitliche Nummer lassen sich (fast) alle deutschen Karten sperren: aus dem Ausland ☎ 00 49/11 61 16.

GPS

Wenn Sie ein eigenes Outdoor-GPS-Gerät (z. B. der Marke Garmin) haben, ist das hilfreich, aber kein „Muss", da der Camí de Cavalls sehr gut ausgeschildert ist.

Sie können die GPS-Tracks zum Camí de Cavalls im Internet herunterladen:

- www.conrad-stein-verlag.de, Homepage des Verlages
- ♦ www.wibarelds.de, Homepage des Autors mit GPS-Daten, Fahrkarten und Updates

📖 **GPS** – *Grundlagen · Tourenplanung · Navigation* von Michael Hennemann, Conrad Stein Verlag, Basiswissen für draußen, ISBN 978-3-86686-495-5, € 9,90

Information

Überregionale Tourismusverbände

- Spanisches Fremdenverkehrsamt in Deutschland:
  Reuterweg 51-53, 60323 Frankfurt, ☎ 069/72 50 33, frankfurt@tourspain.es, www.spain.info/de
- ♦ Tourismusamt Menorca:
  c/Artrutx, 22 2º Local 11- Polígon de Maó, 0771 Maó, ☎ 971 36 86 78, info@menorca.es, www.menorca.es, Mo-Fr 7:00-14:30

Touristinformationen gibt es in Maó, Ciutadella und Fornells.

Internet-Adressen

Zur Vorbereitung sind folgende Websites zu empfehlen. Sofern nichts anderes dabeisteht, sind alle Websites neben Spanisch zumindest auch auf Englisch.

Touristische Infos

- www.spanien.info, allgemeine Infos zu Spanien (auf Deutsch), Homepage des spanischen Fremdenverkehrsamtes
- www.menorca.es, Homepage vom Inselrat Consell Insular de Menorca über die Insel (u. a. auf Deutsch)
- www.gobmenorca.com, Homepage der Umweltschutzgruppe GOB (nur auf Spanisch)
- www.platgesdebalears.com, Übersicht des Inselrats über die mehr als 80 Sandstrände der Insel
- www.menorcafan.de, u. a. alle Strände Menorcas im Überblick
- www.visitmenorca.com, Homepage des Hoteldachverbandes von Menorca
- www.aemet.es, ausführliche Wettervorhersage des spanischen meteorologischen Instituts (auf Englisch)
- www.windfinder.com, ausführliche Windvorhersage mit Säulendiagrammen
- www.yr.no, www.wetteronline.de, www.wetter.com, u. a. Wettervorhersage für ausgewählte Regionen

Verkehr

- www.tmsa.es, Busse im Zentrum und Süden
- www.autosfornells.com, Busse im Norden der Insel
- www.e-torres.net, Busse in den Städten

Wandern

- www.camidecavalls.com, Homepage zum Camí de Cavalls (u. a. auf Deutsch)
- www.wibarelds.de, Homepage des Autors mit weiteren Infos wie Updates, GPS-Dateien, Fahrplänen zum Camí de Cavalls

Karten

In diesem Buch sind zwar einige Skizzen eingebaut, die aber keine gute Landkarte bzw. keinen besseren Stadtplan ersetzen.

📖 Editorial Alpina 1:50.000: Menorca – Camí de Cavalls, ISBN 978-8480909136, € 17,90

♦ Kompass 1:50.000: Menorca – Cami de Cavalls GR223 (3in1), ISBN 978-3990443828, € 11,99

☺ Die Kartenempfehlungen wurden von der Geobuchhandlung Kiel überprüft.

💻 www.geobuchhandlung.de

Klima & Wetter

Auf Menorca herrscht ein mediterranes, d. h. frostfreies Klima mit maritimer Prägung: Die durchschnittliche Luftfeuchtigkeit liegt im Jahresmittel bei etwa 75 % und es regnet rund 70 Tage im Jahr. Mehr als zwei Drittel des Niederschlags fallen im Herbst und Winter. Deutlich häufiger ist Sonnenschein: an rund 300 Tagen im Jahr.

Die Temperaturunterschiede in verschiedenen Regionen der Insel sind minimal: Im Sommer ist es im Süden etwa 2° C wärmer als im Norden und im Winter an der Küste etwa 2° C wärmer als im Inselinneren.

Für das Wetter prägend ist der salzreiche Nordwind *Tramuntana*, der im Golf von Lyon entsteht und an mehr als der Hälfte aller Tage weht. Im Sommer ist oft mit dem Südwind *Migjorn* zu rechnen, der afrikanischen Wüstensand heranträgt, genannt *Barro*.

Die menorquinischen Bezeichnungen der Windrichtungen

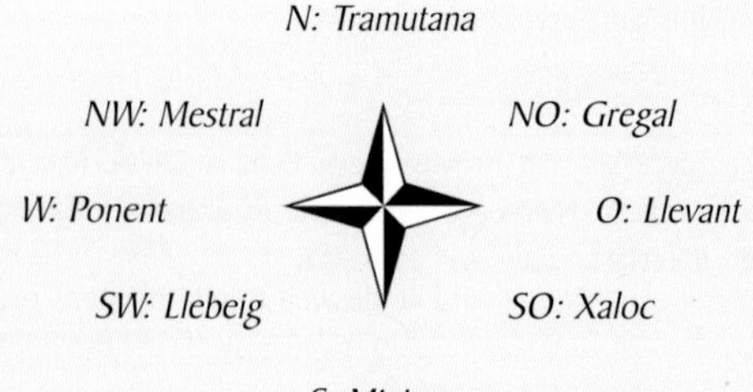

Monatliche Durchschnittstemperaturen und -niederschläge für Menorca

	Jan	Feb	Mär	Apr	Mai	Jun	Jul	Aug	Sep	Okt	Nov	Dez		
Temperatur (°C) gemittelt	10,7	10,8	12,0	13,7	17,2	21,1	24,3	25,0	22,4	18,7	14,4	12,0	Ø	16,9
Niederschlag (mm)	59	47	42	48	37	14	3	22	48	81	85	64	ges.	550
Sonnenstunden (h/d)	4,8	5,4	6,5	7,4	8,9	10,4	11,4	10,1	7,8	6,2	5,1	4,4	Ø	7,4
Regentage (d)	7	6	7	7	5	2	1	2	5	8	8	8	ges.	66
Wassertemperatur (°C)	14	13	14	14	17	20	23	25	23	21	18	15	Ø	18,1

Markierung

Der Camí de Cavalls ist meistens gut markiert, und zwar mit kleinen Holzpfählen mit oben einer weißen Platte und darauf dem Logo: einem schwarzen Hufeisen. Am Anfang bzw. Ende von vielen Abschnitten zeigen Infotafeln Luft- bzw. Satellitenfotos, wo die jeweiligen Abschnitte eingezeichnet sind. Außerdem finden sich dort weitere Hinweise sowie ein Höhenprofil der jeweiligen Etappe. An markanten Punkten stehen (rote) Richtungswegweiser (Schilder) mit Kilometerangaben. Diese Entfernungsangaben beziehen sich auf die zentralen „Eichpunkte" in den Orten – meistens mit Infotafeln, wo die jeweiligen Etappen beginnen bzw. enden. Wundern Sie sich also nicht, wenn in einem Ort noch gut 1 km bis zum Ziel angegeben ist, obwohl Sie sich schon lange in dem Ort befinden: Der Anfangs-/Endpunkt der Etappe befindet sich in diesem Fall am anderen Ortsende.

In Siedlungen ist die Markierung verbesserungsbedürftig und begnügt sich – lückenhaft – mit der für Fernwanderwege international üblichen rot-weißen Markierung, vorwiegend an Pfählen von Laternen oder Schildern.

Medizinische Versorgung

Die medizinische Versorgung wird landesweit durch meistens ordentlich ausgestattete Behandlungszentren (*centres de salut*) gebildet, wo auch Personen mit ausländischen Krankenscheinen behandelt werden. Daneben helfen in vielen Feriensiedlungen – gegen höheres Entgelt in bar – Privatärztinnen und Privatärzte weiter, die oft englisch- oder deutschsprachig sind (*centro médico*).

Sofern Eigenanteile zu leisten sind, sollte man auf eine Rechnung mit Diagnose und detaillierter Auflistung der ärztlichen Leistungen bestehen, um diese zu Hause bei der Versicherung einreichen zu können.

Auf Menorca gibt es insgesamt rund 30 Apotheken (*farmacias*), überwiegend natürlich in den größeren Orten. Dort sind auch einige Medikamente erhältlich, die in Deutschland rezeptpflichtig sind.

☺ In jedem Fall lohnt sich vor der Reise der Abschluss einer privaten Reisekrankenversicherung, die für die Dauer eines Jahres günstig angeboten wird (unter € 20).

Krankenhäuser für dringende Fälle:

- Krankenhaus Maó: Hospital Mateu Orfila, Ronda Malbuger, ☎ 971 48 70 00
- Krankenhaus Ciutadella: Clinica Juaneda Menorca, c/Canonge Moll, s/n, ☎ 971 48 05 05

Notruf

Notfallnummern auf Menorca:

- ▷ europaweiter Notruf: ☎ 112
- ▷ Nationalpolizei: ☎ 091
- ▷ Ortspolizei/Feuerwehr: ☎ 092
- ▷ Ambulanz: ☎ 061
- ▷ Guardia Civil: ☎ 062

Am wichtigsten ist die erstgenannte Nummer (112), die in allen Notfällen gewählt werden kann und wo man auch mit Englisch und oft auch Deutsch weiterkommt. Von dort werden gegebenenfalls andere Hilfsdienste (Feuerwehr, Polizei) verständigt.

Öffnungszeiten

Geschäfte sind in der Regel Mo bis Fr 9:00 bis 13:30 und 17:00 bis 20:00, am Sa nur vormittags geöffnet. In den Feriensiedlungen entlang der Küste sind die Läden ganztägig und bis spät abends geöffnet, viele sind dafür außerhalb der Haupt-/Nebensaison geschlossen.

Banken und Postämter sind i. d. R. Mo bis Sa von 8:30 bis 14:00 geöffnet.

Museen variieren ihre Öffnungszeiten je nach Jahreszeit. Meistens sind Museen montags sowie sonntagnachmittags geschlossen.

Restaurants sind meistens mittags von 13:00 bis 16:00 sowie abends ab 20:00 geöffnet.

Pauschalen

Pauschalreisen nach Menorca sind oft günstiger als die einzeln gebuchten Teile der Reise: Anreise, Übernachtung, Transfer. Außerdem sind in der Hauptsaison zwischen Mitte Juni und Mitte September viele Unterkünfte von Veranstaltern ausgebucht oder/und werden sowieso nicht für nur eine Nacht angeboten. Ferner entfällt bei einer Pauschalreise der selbst organisierte Gepäcktransport sowie die logistische Detailplanung.

Das alles sind Argumente für Pauschalpakete zum Camí de Cavalls, die sowohl für Gruppen als auch Einzelreisende angeboten werden, für den ganzen Camí de Cavalls und auch nur für einige Etappen.

▷ Wikinger-Reisen: individuell eine Woche mit den sechs schönsten Etappen auf dem Camí de Cavalls mit drei Standorten ab € 720 (ohne Flug) oder zwei Wochen als Gruppenreise mit zwei Standorten und dem gesamten Camí de Cavalls – mit Ausnahme weniger monotoner Teilstücke – mit ortsansässiger deutscher Reiseleitung ab € 1.900 (mit Flug)

♦ Wikinger-Reisen, ☏ 023 31/90 48 04, 💻 www.wikinger.de

▷ Camí de Cavalls 360° bietet maßgeschneiderte Pauschalen für Wanderungen, Mountainbiketouren sowie fürs Trailrunning auf dem Camí de Cavalls. Im Paket enthalten sind u. a. Transfers, logistische Unterstützung und Gepäcktransport. Die gesamte Umrundung mit 13 Etappen kostet bei Buchung für 2 Personen ab € 1.100.

♦ Camí de Cavalls 360°, Carrer Comte de Cifuentes 89, Ciutadella de Menorca, ☏ 971 10 51 36, ✉ reserva@camidecavalls360.com, 💻 www.camidecavalls360.com/de

Preise

Das Preisniveau unterscheidet sich im Großen und Ganzen nur unwesentlich vom deutschen. Restaurants und die meisten Lebensmittel sind teurer als in

Deutschland; Busse, Bars und Taxis eher günstiger. Bei Unterkünften schwanken die Preise erheblich je nach Saison. Wie in anderen Ländern auch sind auf Inseln wie Menorca die Preise für viele Dinge höher als auf dem Festland.

Infolge der stark angestiegenen Inflation werden die Preise in diesem Buch schnell veraltet sein. Sie beziehen sich auf den Zeitpunkt der Recherche zur Aktualisierung des Buches im Frühjahr 2022, sind von daher eher als Richtwert zu verstehen. Vor allem bei Mietwagen, Hotels und Verkehrsmitteln ist mit erheblichen Preissteigerungen zu rechnen, teilweise auch zeitverzögert.

Einige Preisbeispiele:

▷ Mietwagen: ab € 40 pro Tag
▷ Hotelübernachtung: etwa ab € 40 für das DZ
▷ Kaffee: € 1 bis 3
▷ Taxi: von Maó-Innenstadt zum 5 km entfernten Flughafen etwa € 15

Radfahrerinnen und Radfahrer

Der Camí de Cavalls kann großteils auch mit dem Rad befahren werden. Manche Etappen (etwa 3, 7, 11, 12) sind relativ einfach, bei anderen (vor allem denen mit relativ vielen Höhenmetern) ist ein geländegängiges Fahrrad (MTB) anzuraten. Für die gesamte Umradlung sollten etwa 3 bis 6 Tage angesetzt werden; der Rekord liegt bei rund 10 Stunden!

Allerdings sollten Sie mit dem Rad eher auf die Nebensaison ausweichen, da gerade Abschnitte in Strandnähe in der Hauptsaison recht voll sein können. Rücksichtnahme versteht sich von selbst – Fußgängerinnen und Fußgänger und Personen mit Pferd haben gegenüber Rädern Vorrang.

Radtouren gibt es auch als Pauschalpaket mit Radmiete (ab etwa € 25 pro Tag) und -transfers (zwischen € 30 für den Osten und € 80 für den Westen), etwa:

♦ Bike Menorca, Avenida Francesc Femenías 44, 07702 Mahón, ☏ 971 35 37 98, www.bikemenorca.com/en

Mountainbikes werden auch von einigen Hotels verliehen oder von Geschäften, etwa folgendem in Ciutadella ab etwa € 12 pro Tag:

♦ Toto Velo, C/ Eivissa, 59, ☏ 971 48 11 48, totvelo.alquiler@gmail.com, www.totvelo.com/en

Reisezeit

Die Hauptsaison zwischen Mitte Juni und Mitte September ist zum Wandern aus mehreren Gründen weniger geeignet: Zum einen wegen der hohen Temperaturen (☞ Klima & Wetter, S. 44), zum anderen wegen der angespannten Unterkunftssituation. Zu dieser Zeit nehmen viele Unterkünfte keine Einzelreisenden, zumal nicht für eine Nacht. Ganz davon abgesehen, dass dann viele sonst idyllische Strandbuchten ihren Reiz verlieren, wenn dort Massen an Strandurlauberinnen und -urlaubern in der Sonne brutzeln.

Ideale Wanderzeiten sind das Frühjahr (April bis Juni) sowie der Spätsommer bzw. frühe Herbst (September und Oktober), auch wenn man dann die Hauptfrüchte verpasst: die vielen Brombeeren entlang der Trockenmauern (Juli und August). Dafür reicht es in der Nachsaison noch für Feigen (ab Ende August).

Reiten

Traditionell war der Camí de Cavalls – wie der Name sagt – ein Weg der Reiterinnen und Reiter. In diesem Sinne werden auch geführte Reittouren entlang des Fernwanderweges an der Nord- und Südküste angeboten, zwischen 1,5 und 4 Stunden Dauer, Preise nach Absprache.

♦ Menorca a cavall, ☏ 971 37 46 37, ✉ menorcaacavall@gmail.com,
💻 www.menorcaacavall.com/en

Schwierigkeit und Wegbeschaffenheit

Der Küstenwanderweg Camí de Cavalls führt mal über Waldboden, mal Sand, mal Felsen, mal Schotter bzw. Kies – kurzum: Der Bodenbelag ist recht abwechslungsreich. In/bei Urlaubssiedlungen ist es unvermeidlich, auf Asphalt zu laufen. Die Übersicht auf Seite 64 verrät den Anteil der (asphaltierten) Straßen jeder Etappe. Obwohl der Camí de Cavalls gelegentlich durch dichte Strauchvegetation und Wälder führt, ist er gut zu gehen und sehr gut gepflegt. Es ist zu hoffen, dass der Inselrat sich auch weiterhin so gut um die Pflege kümmert und z. B. regelmäßig die Vegetation am Rand der Wege schneidet bzw. mäht.

Die Anstiege halten sich in Grenzen, sodass der Camí de Cavalls insgesamt als leicht zu gehender Wanderweg zu bezeichnen ist, dessen Herausforderung eher in der logistischen Vorplanung liegt, weil nicht flächendeckend Unterkünfte vorhanden sind (☞ Pauschalen, S. 47).

Sprache

Amtssprachen auf Menorca sind Katalanisch und Spanisch (Kastilisch), wobei Ersteres überwiegend gesprochen wird. Der auf der Insel gesprochene katalanische Dialekt wird *Menorquí* genannt. Seit 1983 ist das zuvor lange unterdrückte Katalanisch gleichberechtigte Amtssprache. Die katalanische Sprache verbreitete sich infolge der Eroberung Menorcas durch Alfonso III. im Jahr 1287 durch die damalige Neubesiedlung der Insel mit Siedlerinnen und Siedlern, die überwiegend aus Katalonien stammten. Heute wird Katalanisch von insgesamt rund 12 Mio. Menschen gesprochen, im Nordosten Spaniens sowie in Andorra und einem kleinen Teil Frankreichs.

In das Menorquinische wurden viele Wörter und Ausdrücke übernommen, die aus der britischen Besatzungszeit stammen. Das Wort *xoc* beispielsweise bezeichnet die Kreide (englisch *chalk*), *mèrvels* (englisch *marble* = Marmor) und *bòtil* (englisch *bottle* = Flasche); sie wurden aus dem Englischen abgeleitet. Auf menorquinischen Hinweisschildern stehen oft katalanische Namen wie zum Beispiel *port* (statt *puerto* für Hafen), *platja* (statt *playa* für Strand) oder auch *camí* (statt *camino* für den Weg).

Im Folgenden einige Bezeichnungen für markante Punkte in der Landschaft bzw. beim Wandern auf Katalanisch und Spanisch.

Katalanisch	**Spanisch (Kastilisch)**	**Deutsch**
sa, es, ses, els (Artikel)	la, el, las, los	die, der, die (beide Geschlechter)
Bon dia.	Buenos dias.	Guten Morgen/Tag.
Adéu.	Adiós.	Auf Wiedersehen.
No ho entenc.	No lo comprendo.	Ich verstehe nicht.
Quan surt el bus?	Cuándo sale el bus?	Wann fährt der Bus?
barrera	verja	Gatter, meistens aus Olivenholz
barranc	barranco	Schlucht
caça	caza	Jagd
vedat de caça privat	coto de caza privado	privates Jagdgebiet
cala	cala	kleine Meeresbucht

Katalanisch	Spanisch (Kastilisch)	Deutsch
camí	camino	Weg
cap	cabo	Kap
carrer	calle	Straße
cova	cueva	Höhle
far	faro	Leuchtturm
font	fuente	Brunnen
gola	garganta	Schlucht
illa	isla	Insel
llacuna	laguna	Lagunensee
lloc	finca rustica, hazienda	Landgut, Bauernhaus
marès	marés	Kalkaremnit (besonderer Kalkstein der Balearen)
mirador	mirador	Aussichtspunkt
paret (seca)	albarrada	(Trocken-)Mauer
pista	pista	unbefestigte Straße
platja	playa	Strand
pont	puente	Brücke
port	puerto	Hafen
punta	cabo	Landspitze, Halbinsel
son	propiedad	Landgut, Anwesen
vaca	vaca	Rind

Telekommunikation

Die **Vorwahlnummern** wurden in Spanien abgeschafft; auf Menorca wählt man für Festanschlüsse eine neunstellige Telefonnummer, in welche die frühere Orts- bzw. Inselvorwahl 971 integriert wurde, manchmal beginnen die Festnetznummern auf den Balearen auch mit 871. Entsprechend ist auch keine Ortsvorwahl zu anderen Baleareninseln sowie dem spanischen Festland nötig.

▷ nationale Vorwahl für Spanien: 00 34 und weiter mit der neunstelligen Nummer

▷ Vorwahl aus Spanien in deutschsprachige Länder: für Deutschland 00 49, für Österreich 00 43, für die Schweiz 00 41; und weiter mit der Orts- oder der Handynummer ohne die führende 0

▷ Notrufnummern ☞ Notruf, S. 46

Mobiltelefon: Für Handygespräche und Datentransfer gelten nach EU-Verordnungen dieselben Tarife und Bedingungen wie im Inland, daher lohnt sich anders als früher der Kauf einer spanischen SIM-Card nicht mehr. Spanische Handynummern erkennen Sie übrigens anhand der vorangestellten Ziffern 6 und 7.

Verlassen Sie sich nicht immer auf Ihr Handy! Gerade im dünn besiedelten Norden gibt es Abschnitte, wo kein Handy-Netz erreichbar ist!

Internet: Fast alle Unterkünfte, viele Verkehrsmittel, Restaurants sowie einige Bars bieten freies WLAN an. Gleichzeitig ist die Zahl der Internet-Cafés mit der Verbreitung von WLAN im öffentlichen Raum zurückgegangen.

Unterkunft

Unterkünfte sind generell keine Mangelware auf Menorca, wohl aber in der Nebensaison und vor allem im nördlichen Teil des Camí de Cavalls, wo nicht bei jeder Etappe direkt am Weg eine Unterkunft zu finden ist. Hier sind Transfers eine notwendige Option.

Für viele Wanderinnen und Wanderer stellt sich bei der Planung die Hauptfrage: **Standort wechseln oder fester Standort?**

☺ Tipp: ein bis drei feste Standorte und dann mit Transfers von/zu den jeweiligen Anfangs-/Endpunkten der Etappen fahren. Wenn man sich für nur einen Standort entscheidet, sollte man sich in der Umgebung der größeren Inselorte Maó oder Ciutadella eine Bleibe suchen oder in einer der Städte im Inneren der Insel: Ferreries, Es Mercadal, Alaior. So sind die Etappen des Camí de Cavalls ohne allzu lange Anfahrten erreichbar.

In vielen Fällen ist die Buchung einer Pauschalreise von Deutschland aus günstiger, als wenn man sich Flug, Unterkünfte und Transfers selbst zusammensucht. Reiseveranstalter kaufen deutlich günstiger ein und daher kann der Gesamtpreis einer Pauschalreise trotz der Veranstalterprovision niedriger ausfallen, als wenn man alles einzeln bucht. Pauschalen lassen sich mit einer festen Unterkunft und z. B. Mietwagen oder als speziell auf den Camí de Cavalls zugeschnittene Programme buchen (☞ Pauschalen, S. 47).

In der Hauptsaison von Mitte Juni bis September, und zunehmend auch weit in die Nebensaison hinein, sind viele Unterkünfte bereits lange vorher ausgebucht bzw. haben Exklusivverträge mit Reiseveranstaltern. Dann ist kaum eine Unterkunft für Einzelreisende zu bekommen, besonders entlang der Küste! Und wenn, dann für mindestens drei Nächte oder/und sehr teuer: Es ist keine Seltenheit, wenn die Übernachtungspreise in den Sommermonaten die Nebensaisonpreise um das Doppelte bis Dreifache übertreffen. Andererseits sind die meisten Urlaubsanlagen/Hotels in den Feriensiedlungen von etwa Mitte/Ende Oktober bis April geschlossen.

Die Angabe der Unterkünfte in den Etappenorten erhebt keinen Anspruch auf Vollständigkeit; insbesondere bei Urlaubsorten mit mehreren großen (vergleichbaren) Hotels sind beispielhaft nur einige angegeben. Die im Routenteil bei den einzelnen Unterkünften genannten Preise beziehen sich auf ein Doppelzimmer (DZ) für zwei Personen mit Frühstück im Stichjahr 2022, sofern nicht anders angegeben. Für Einzelzimmer ist erfahrungsgemäß mit rund 2/3 der Kosten eines Doppelzimmers zu rechnen. Infolge der zuletzt angestiegenen Inflation ist aber künftig mit deutlich höheren Preisen zu rechnen.

Bei einigen Unterkünften, wo das entsprechend deutlich kommuniziert und langjährig einheitlich gehandhabt wird, sind die Monate der Öffnung (Sommersaison) angegeben. Aber nicht bei allen, da manche ihre Saisondauer von Jahr zu Jahr variieren, nicht immer deutlich veröffentlichen oder in der Nebensaison ihre Leistungen nur eingeschränkt anbieten, etwa mit eingeschränktem Essensangebot (z. B. ohne Frühstück).

Touristensteuer

Nach langer Diskussion wurde 2016 eine Übernachtungssteuer eingeführt, die einen nachhaltigen Tourismus fördern soll. Das verrät die offizielle Bezeichnung *impuesto del turismo sostenible* (= „Steuer für nachhaltigen Tourismus“). Dazu gehören nicht nur Schutz und Bewahrung der Natur, wie die umgangssprachliche „Ökosteuer“ (*Ecostasa*) erwarten lassen würde. Vielmehr soll auch die touristische Infrastruktur ausgebaut bzw. verbessert sowie das kulturelle Erbe zunehmend erhalten werden. Ein besonderer Fokus liegt auf dem Ausbau der Nebensaisonangebote, um die Saisonabhängigkeit zu vermindern. Aber seit Corona ist auch hier alles anders: Bis voraussichtlich 2023 fließen die Einnahmen vornehmlich in Maßnahmen zur Pandemiebekämpfung. Die Steuer wird von den Übernachtungsbetrieben einkassiert und variiert mit dem Faktor 4 zwischen Neben- und Hauptsaison, was die Nebensaison allein schon attraktiver macht und damit dem Ziel der Maßnahme entspricht: Je nach Art der Unterkunft sind es pro Nacht (Stand:

2022) zwischen € 1 und 4 in der Haupt- und € 0,25 und 1 in der Nebensaison jeweils zuzüglich 10 % Mehrwertsteuer.

Wer wie die Boulevardpresse über diese „Bettensteuer" schimpft, sollte nicht vergessen, dass eine ähnliche Abgabe schon seit Jahrzehnten in deutschen Kur- und Küstenorten als „Kurtaxe" üblich ist.

Hotels

Die Hotels in Spanien sind in Kategorien von ein bis fünf Sternen eingeteilt; es überwiegen 3- und 4-Sterne-Häuser. Die Sterne sagen genauso wenig über die tatsächliche Qualität der Unterkünfte aus wie in Deutschland, sondern orientieren sich an Ausstattungsmerkmalen wie TV, Internet, Minibar, Zimmerservice etc. – was auf Wanderungen weniger wichtig ist als z. B. viel (Ablage-)Platz, Ruhe und ein Restaurant in der Nähe. Viele Hotels auf Menorca sind im menorquinischen Hotelverband ASHOME zusammengeschlossen, der rund 200 Hotelbetriebe mit einer Gesamtzahl von etwa 40.000 Betten vertritt. Häufig sind auch Aparthotels, wo in großen Anlagen Appartements bzw. Wohnstudios vermietet werden, oft aber nur für mehrere Tage.

♦ Hotelvereinigung von Menorca, ☏ 971 36 10 03, 💻 www.visitmenorca.com

Jugendherbergen

Von den Jugendherbergen auf Menorca steht nur eine Einzelwanderinnen und -wanderern offen (☞ Ciutadella, S. 106).

Camping

Camping hat kaum Tradition auf Menorca; es gibt nur zwei Campingplätze entlang des Camí de Cavalls im Süden der Insel: S'Atalaia bei Cala Galdana und einer bei Son Bou. Wildes Zelten ist nicht gestattet, auf Privatgelände nur mit Erlaubnis der Eigentümerinnen und Eigentümer.

Updates

Der Conrad Stein Verlag veröffentlicht Updates zu diesem Buch, die direkt von dem Autor oder von Leserinnen und Lesern dieses Buches stammen. Bitte suchen Sie vor Ihrer Abreise auf der Verlags-Homepage 💻 www.conrad-stein-verlag.de diesen Titel. Unter „Updates" finden Sie alle wichtigen Informationen. Der abgebildete QR-Code führt Sie direkt zu der richtigen Seite.

Verkehrsmittel unterwegs

Das einzige öffentliche Verkehrsmittel auf der Insel sind Busse, welche die größeren Orte miteinander verbinden bzw. einige größere Urlaubsorte an der Küste ansteuern. Knotenpunkte der Buslinien sind die beiden größten Städte Maó und Ciutadella. Am Wochenende sowie an Feiertagen sind die Fahrpläne ziemlich ausgedünnt. Einige Urlaubsorte werden außerhalb der Touristensaison überhaupt nicht bedient.

Die Bustarife sind recht günstig und beginnen für Kurzstrecken bei etwa € 1,20. Die Fahrt von Ciutadella nach Maó kostet etwa € 5. Bustickets gibt es direkt bei den Fahrerinnen und Fahrern sowie in den Busbahnhöfen von Maó und Ciutadella. Im Bus werden oft aber nur Scheine bis zu € 20 genommen, eine Ausnahme sind höherpreisige Fahrkarten bzw. Käufe (mehr als € 20).

Drei Gesellschaften bieten überregionale Buslinien an:

- Torres: im Westen der Insel sowie Stadtbusse von Ciutadella und Maó, ☏ 902 07 50 66, www.bus.e-torres.net
- Autos Fornells: im Norden zwischen Fornells und Maó, ☏ 971 15 43 90, www.autosfornells.com
- Transportes Menorca (TMSA): zwischen Maó und Ciutadella sowie im Süden der Insel, ☏ 971 36 04 75, www.tmsa.es

Eine gute Website mit Reiseplaner informiert über alle Buslinien auf Menorca mit Netz- und Fahrplänen: www.menorca.tib.org (u. a. auf Deutsch).

Übersicht über wichtige Buslinien auf Menorca („Sommer“ bezieht sich auf Sommerfahrpläne: Mai bis Oktober)

Firma	Linie und Strecke	Fahrthäufigkeit	Etappen
TMSA	01: Maó – Alaior – Es Mercadal – Ferreries – Ciutadella	Mo bis Fr etwa stündlich in unregelmäßigen Abständen, Sa 8x und So 6x täglich	1, 6, 7, 12
TMSA	02: Maó – Es Castell	Mo bis Sa halbstündlich, So halbstündlich bis stündlich	12
Fornells	04: Maó – Fornells	mehrmals täglich	3

Firma	Linie und Strecke	Fahrthäufigkeit	Etappen
Torres	10: Maó – Aeropuerto	halbstündlich, in Nebensaison nachmittags stündlich	1, 12
TMSA	14: Maó – Ciutadella direkt (Expressbus)	Mo-Fr 7x täglich	1, 6, 7, 12
Torres	15: Stadtbus Maó (Innenstadt)	vormittags alle 30 Min., nachmittags alle 60 Min.	1, 12
TMSA	22: Maó – Canutells	Sommersaison Mo bis Sa 4x täglich	12
Fornells	23: Maó – Es Grau	Juli bis September 4x täglich	1
TMSA	24: Maó – Sa Mesquida	Sommersaison	1
TMSA	31: Maó – Cala En Porter	Mo bis Sa 2-3x mal, in Sommersaison bis 7x täglich	10, 11
TMSA	32: Maó – Son Bou	Sommersaison	10
Fornells	33: Maó – Favàritx	Juni bis September 6x täglich	1
TMSA	36: Ciutadella – Son Bou	Sommersaison	10
Fornells	43: Maó – Arenal d'en Castell – Fornells – Es Mercadal	Mo bis Sa 2-6x täglich je nach Saison	2, 3
TMSA	51/52/53: (Maó/Ciutadella –) Ferreries – Cala Galdana	wenige Male täglich, in Sommersaison täglich stündlich in unregelmäßigen Abständen, tw. mit Umsteigen in Ferreries	8, 9
Torres	60: Stadtbus Ciutadella	Mo bis Sa stündlich 7:00 bis 15:00	7
Torres	61: Ciutadella – Cala Blanes	Mo bis Fr 9x täglich	6
Torres	62: Ciutadella – Cala Morell	Mo bis Sa 3x täglich zwischen Mai und Oktober	5, 6
Torres	64/65: Ciutadella – Cala Blanca/Santandria	Mo bis Fr 8x täglich	7
Torres	66: Ciutadella – Son Saura	Mo bis Sa 3x mind. täglich zwischen Mai und Oktober	8

Firma	Linie und Strecke	Fahrthäufigkeit	Etappen
Torres	68: Ciutadella – Cala Turquela	Mo bis Sa mind. 4x täglich zwischen Mai und Oktober	8
Torres	69: Ciutadella – Cala Macarella	täglich alle 40 Min. zwischen Juni und September	8
TMSA	71/72: (Maó/Ciutadella –) Es Migjorn Gran – Sant Tomàs	in Sommersaison mehrmals täglich, tw. mit Umsteigen in Es Migjron Gran	9, 10
TMSA	91: Maó – Alcaufar – S'Algar	täglich 4x	12
TMSA	92: Maó – Punta Prima	mehrmals täglich	11, 12
TMSA	93: Maó – Binibéquer	täglich 3x	11
TMSA	94: Maó – Binissafúller	Sommersaison	11

Einige Busfahrpläne ändern sich in der Sommersaison, also zwischen Mai und Oktober, recht häufig; fast monatlich!

Eine Alternative zu Bussen sind **Taxis**: Es gibt offizielle, an Taxiständen ausgehängte und bei den Fahrerinnen und Fahrern vorhandene Listen, wo die Tarife zu bestimmten Orten angegeben sind. Rechnen Sie grob pro km € 1,20 (Stand: 2022) zzgl. möglicher Wartezeiten, Gepäckgebühr sowie Tagesrand- und Wochenendzeiten. Vor 6:00 und nach 21:00 (Sa 14:00) kommt werktags sowie am Wochenende ein Aufschlag von rund 20 % dazu. Für Wartezeiten werden rund € 20 pro Stunde berechnet.

Die aktuellen Taxipreise erfahren Sie im Internet auf folgender Website, wo auch vorausgebucht und -bezahlt werden kann, was mögliche Wartezeiten vor Ort verkürzt.

www.taxismenorca.com

☺ Sollte das Fahrtziel nicht auf der Liste oder im Internet stehen – was bei einsamen Ausgangspunkten für den Camí de Cavalls keine Seltenheit ist –, sollten Sie im Voraus einen angemessenen Tarif aushandeln. Richtwert bei längeren Strecken: pro km ab etwa € 1,20. Einige (grobe) Preisbeispiele:

- Maó-Innenstadt – Flughafen: etwa € 15

- Maó – Ciutadella: ab € 60
- Maó – Cap de Favàritx: ab € 25

- Radio Taxi Menorca, 699 00 77 90, info@taxismenorca.es, www.taxismenorca.es

Weitere Taxi-Kontakte sind im Buch bei einigen Orten angegeben.

Transfers

Neben Taxis (s. o.) bieten einige Firmen im Zusammenhang mit pauschalen Wanderangeboten Transfers:

- Camí de Cavalls 360°, Carrer Comte de Cifuentes, 89 Ciutadella de Menorca, 971 10 51 36, reserva@camidecavalls360.com, www.camidecavalls360.com

Wandern mit Hund

Der Cami de Cavalls kann grundsätzlich auch mit Hunden begangen werden.

Beachten Sie Folgendes bei der Mitnahme des Vierbeiners:

▷ Die Etappen bieten stellenweise wenig Schatten, daher sollten Zeiten mit großer Hitze gemieden werden. Auf jeden Fall an die Mitnahme von ausreichend Wasser auch für den Vierbeiner denken!

▷ Vor allem die nördlichen Etappen führen stellenweise über steinigen bzw. felsigen Untergrund, daher sei die Mitnahme von Pfotenschutz empfohlen.

▷ Denken Sie bei der Einreise nach Spanien an den entsprechenden Imfpschutz (Tollwut).

▷ Wie auf den meisten Mittelmeerinseln kommt Leishmaniose, übertragen von Sandmücken, auch auf Menorca vor. Zum Glück sind die Durchseuchungsraten bei Hunden sehr niedrig – anders als auf der Nachbarinsel Mallorca (dort rund 25 %). Daher seien Anti-Parasitenmittel empfohlen; konsultieren Sie dazu vor Abreise Ihren Tierarzt.

Wandern mit Kindern

Der Camí de Cavalls ist gut zum Wandern mit Kindern geeignet, wenn die gewählten Etappen nicht zu lang sind. Ideal für Kinder ist der großteils abwechslungsreiche Verlauf mit nur wenigen Höhenmetern, unterbrochen von zahlreichen Buchten mit Abkühlungsgelegenheiten an den vielen Stränden der Insel.

Zeit

Auf Menorca gilt die mitteleuropäische Zeit (MEZ), d. h., eine Zeitumstellung ist nicht nötig.

Zoll

Spanien gehört zu den Ländern, die das Schengen-Abkommen unterzeichnet haben, d. h., in der Regel gibt es keine Grenzkontrollen. Wie für alle Länder der EU gelten folgende Zollfreimengen bei Reisen nach/von Menorca in andere EU-Länder: 90 l Wein, 110 l Bier, 1 kg Tabak, 800 Zigaretten – kurzum: Als Wanderin oder Wanderer muss man sich keine Gedanken machen.

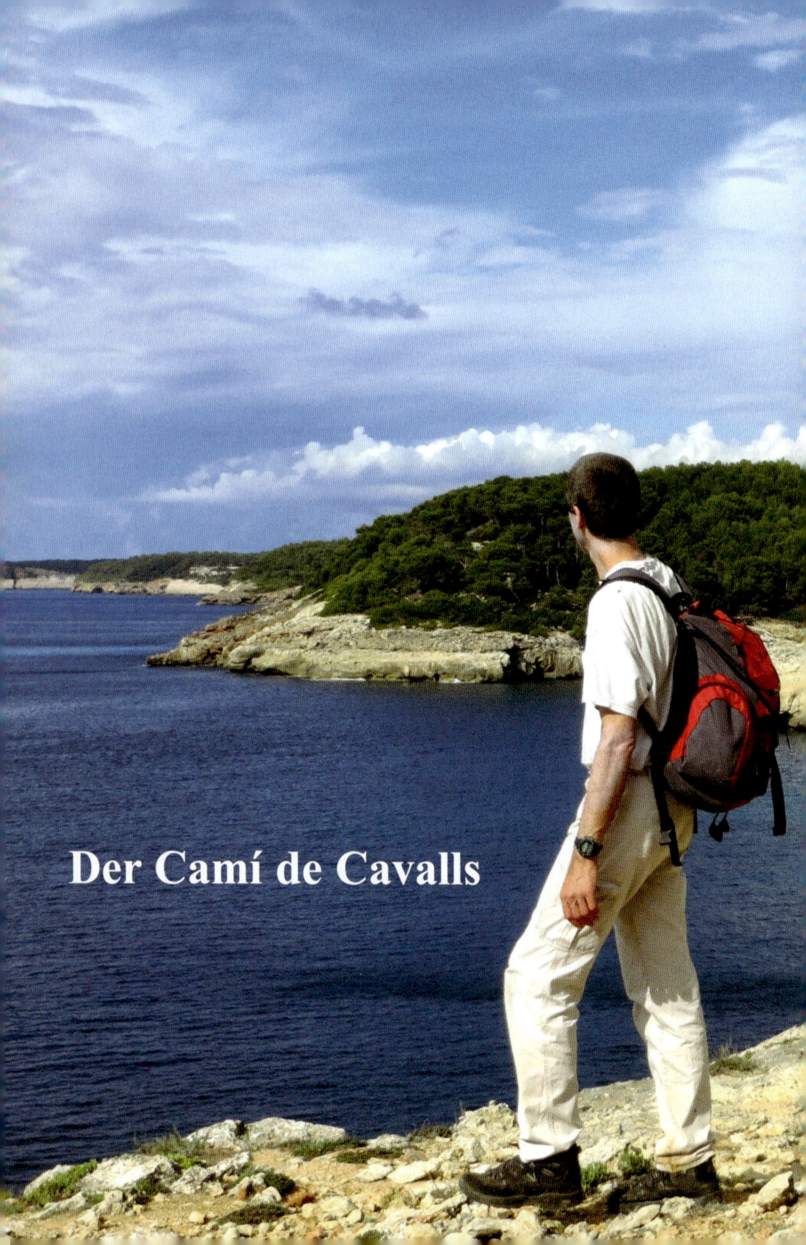
Der Camí de Cavalls

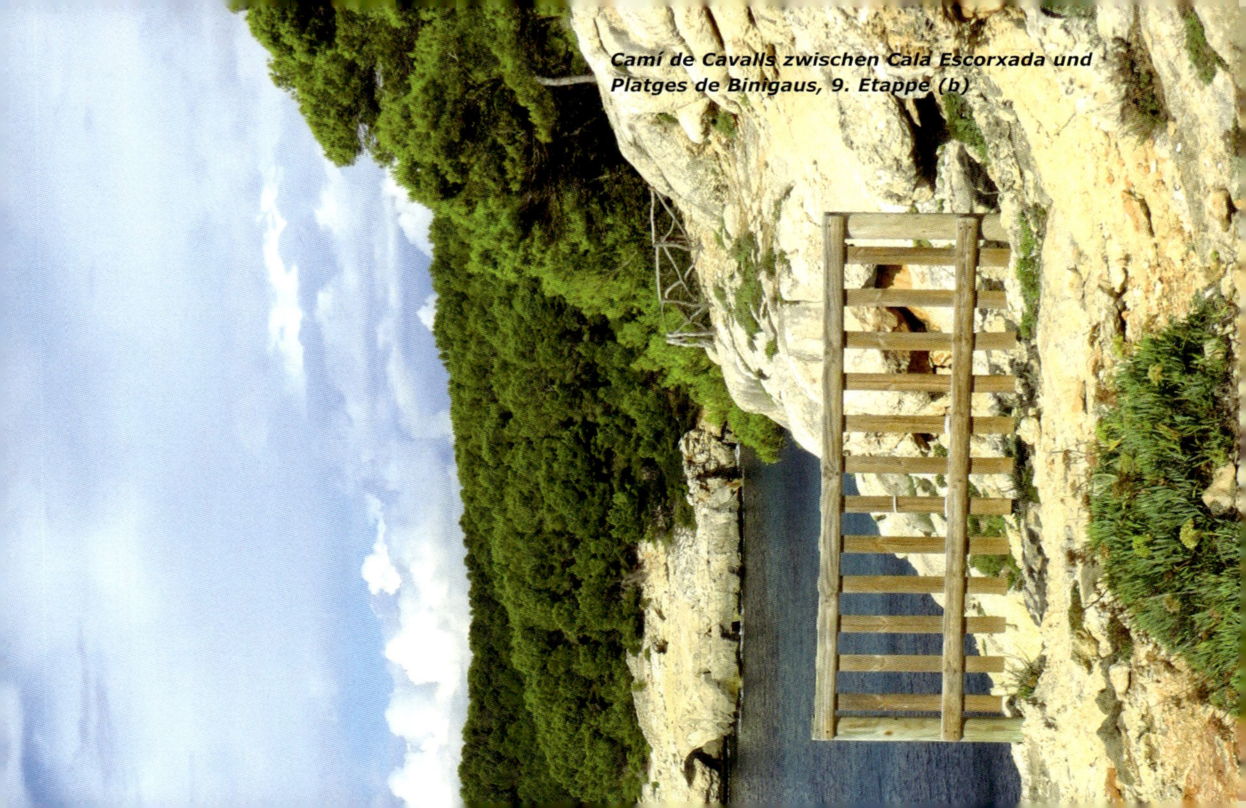

Camí de Cavalls zwischen Cala Escorxada und Platges de Binigaus, 9. Etappe (b)

Übersicht, Etappen und Entfernungen

Auf Seite 64 finden Sie eine Übersicht über die (vorgeschlagenen) 12 Etappen (statt der offiziell 20) bzw. deren Länge, (kumulierte) Höhenmeter („Hm kum.“) sowie die maximale Höhe. Die Angaben basieren auf GPS-Messungen des Autors, deren Daten im Internet abrufbar sind (☞ GPS, S. 42).

Beachten Sie, dass der Verlauf in manchen Teilstücken – vor allem im Bereich von Siedlungen – stellenweise vom originalen Verlauf des Camí de Cavalls abweicht, der zur Erschließung aller Sehenswürdigkeiten stellenweise auch über weniger schöne Straßenabschnitte verläuft, die bei weniger spektakulären Punkten in diesem Wanderführer durch schönere Wegstrecken ersetzt werden.

Einige nördliche Etappen (1, 4 und 6) sind etwas länger als die restlichen, weil die Nordküste viel dünner besiedelt ist. Es gibt hier nur sehr wenige Einkehr- und Einkaufsgelegenheiten. Sie müssen hier also entweder ein sehr hohes Tagespensum absolvieren und/oder sich an markanten Punkten abholen bzw. absetzen lassen (☞ Transfers, S. 58, sowie Pauschalen, S. 47).

Falls Sie nur einige (die schönsten) Etappen des Camí de Cavalls gehen wollen, nutzen Sie diese Übersicht als Entscheidungshilfe.

In der Spalte „Bewertung“ ist angegeben, wie lohnend die Etappe ist:

+ besonders schön, ein „Muss“
o gut zu gehen, aber kein „Highlight“
- kein „Highlight“, z. B. dicht besiedelt oder/und Straße

Die Spalte „km Straße“ gibt an, wie viel (größere) Straße Sie bei der jeweiligen Etappe etwa gehen müssen.

Erläuterung zur Übersichtstabelle und Angaben bei den Etappen im Beschreibungstext

Die Höhenmeter sind in der Übersichtstabelle wie folgt angegeben: kumuliert, also summiert pro Etappe (kum.). Beispiel: ↑ 450 m kann für einen Aufstieg von 450 m am Tag oder für drei Aufstiege von jeweils 150 m am Tag stehen. In der Spalte rechts daneben wird der höchste Punkt der jeweiligen Etappe beziffert.

Die angegebene Zeit ist die reine Gehzeit – also ohne Pausen, wobei ein Schnitt von rund 3 bis 4 km/h zugrunde liegt.

Angegeben wird auch der grobe Anteil der (asphaltierten) Straßen jeder Etappe: als absoluter Wert (km) wie auch als Anteil an der Etappenlänge (%).

Im Beschreibungstext geben die im Kopf bei den Etappen kursiv gedruckten Daten neben der Entfernung die bei der jeweiligen Etappe kumulierten Höhenmeter sowie die Gehzeit (ohne Pausen) an. Im Beschreibungstext finden Sie außerdem Kilometerangaben im Text (z. B. „km 5,2"), die die laufenden Kilometer einer Etappe angeben.

Planung

Die Begehung des Camí de Cavalls erfordert eine gründliche Planung, da nicht an allen Etappenzielen Unterkünfte zur Verfügung stehen. Schwierig sind in dieser Hinsicht vor allem die Etappen 1 und 4, die quasi im Nichts enden bzw. an Straßen, von denen man sich abholen lassen muss – per Bus oder Taxi. Entsprechende Hinweise bzw. Adressen finden sich bei den jeweiligen Etappen. Zur Vereinfachung bucht man eine Pauschalreise – ob in der Gruppe oder allein – entlang des Camí de Cavalls (☞ Reise-Infos von A bis Z, Pauschalen, S. 47). Wer selbst organisiert, steht vor der Frage, ob man täglich seinen Standort wechselt und sein Gepäck mitnimmt oder den Camí de Cavalls von einer oder zwei festen Unterkünften aus erwandert – mithilfe von Transfers per Linienbus und Taxi.

Wer sich auf die landschaftlich schönsten Strecken beschränken und längere straßenlastige Abschnitte meiden möchte, könnte überlegen, folgende Abschnitte zu meiden:

- ▷ Anfang der 1. Etappe (bis Sa Mesuidá bei km 6)
- ▷ zweiter Teil der 6. Etappe (nach Pint d'en Gil bei Cales Piques, ab km 12)
- ▷ mittlerer Teil der 7. Etappe bei Cala Santandria und Cala Blanca (zwischen km 3,5 und 7)
- ▷ zweiter Teil der 11. Etappe (ab Platja de Binissafúller bei km 11)
- ▷ zweiter Teil der 12. Etappe (ab Fort Marlborough bei km 7)

☺ ⛴ Wer gerne einen Teil der Strecke mit dem Boot zurücklegen möchte, könnte die 7. Etappe und den ersten Teil der 8. Etappe mit einer (rund € 50 teuren) pauschalen Bootsexkursion ab Ciutadella zu den Stränden von Son Saur und Cala en Turqueta, die auch als One-Way-Fahrt möglich ist (☞ 6. Etappe, Ciutadella: Info zu Schifffahrten), überbrücken.

Die einzelnen Etappen des Camí de Cavalls im Überblick inklusive der Entfernungen und Höhenmeter

Etappe	Strecke	Länge in km	Bewer tung	km Straße	% Straße	+ Hm kum.	- Hm kum.	Höhe max.	Zeit (Std.)
1	Maó – Cap Favàritx	20,5	- und +	7,0	34	520	520	65	5-6
2	Cap Favàritx – Arenal d'en Castell	12,3	+ und -	5,5	45	240	220	62	4
3	Arenal d'en Castell – Platges de Fornells	12,3	-	7,0	57	170	190	47	4
4	Platges de Fornells – Els Alocs	18,3	+	1,5	8	710	710	118	5-6
5	Els Alocs – Cala Morell	14,4	+	1,0	7	400	340	79	4-5
6	Cala Morell – Ciutadella	18,6	o	5,5	30	330	370	105	5-6
7	Ciutadella – Son Xoriguer	15,4	o	8,0	52	100	115	23	4-5
8	Son Xoriguer – Cala Galdana	14,4	+	0,2	1	240	235	52	4
9	Cala Galdana – Sant Tomás	11,6	+	0,3	3	310	320	71	4
10	Sant Tomás – Cala en Porter	14,8	+	2,0	14	330	305	77	4-5
11	Cala en Porter – Punta Prima	19,3	-	11,8	57	280	310	62	5-6
12	Punta Prima – Maó	13,9	o und -	6,0	43	200	195	45	4
	Summe Camí de Cavalls gesamt	**185,8**				**3.830**	**3.830**		
	Durchschnitt pro Etappe	**15,5**				**319**	**319**		

Maó (span. Mahón)

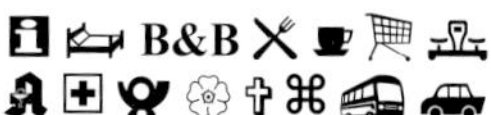

Oficina de Turisme, 971 36 37 90, infomenorcamao@menorca.es, gleich dreimal ist die Touristinformation in Maó präsent: am Flughafen in der Ankunftshalle (täglich 8:00-20:30), unten am Hafen in der Moll de Levant 2 (täglich 9:15-15:45) sowie in der Oberstadt in der C/Ses Moreres 13 (Mo-Sa 9:00-21:00).

Set Port Maó, C/ Fort de l'Eau 13, 971 36 26 00, www.sethotels.com → Hotel Port Mahón, DZ ab € 135, 4-Sterne-Haus im Kolonialstil mit 82 klimatisierten Zimmern, Pool, 10 Gehminuten vom Stadtzentrum oberhalb vom Hafen

♦ Hotel ARTIEM Capri, Sant Esteve 8, 971 36 14 00, www.artiemhotels.com → Menorca, DZ ab € 100, größeres 4-Sterne-Hotel in zentraler Lage mit viel Wellness – u. a. Sauna sowie Pool und Panoramaterrasse auf dem Dach

♦ Hotel Catalonia Mirador des Port, Vilanova 1, 971 36 00 16, booking@cataloniahotels.com, www.cataloniahotels.com/de, DZ ab € 65, 3-Sterne-Familienhotel mit Pool zwischen Altstadt und Hafen

♦ Hotel Casa Miranda, Plaça de la Miranda 3, 722 47 27 47, www.hotelcasamiranda.com, DZ ab € 80, günstiges Hotel in zentraler Lage neben dem Kreuzgang

♦ San Miguel, Calle Comercio 26, 971 36 40 59, www.san-miguel.mahon.hotels-menorca.com, DZ ab € 100, ordentliches Hotel mit gutem Service, 1 km vom Hafen entfernt

♦ Appartementanlage Royal Life, C/Carmen 131, 971 36 95 34, www.royal-mahon.hotelsofmenorca.com/de, Appartements ab € 85, 34 Appartements mit Küche sowie Balkon oder Terrasse. Die Appartements sind in zwei Gebäuden und großteils nach innen gerichtet, daher ruhig – trotz der zentralen Lage zwischen Hafen und Zentrum. Cafeteria/Restaurant im Haus, Frühstück original spanisch, d. h. einfach, aber guter Kaffee

♦ Eurotel, Santa Cecilia 41, 971 36 92 46, www.eurohotelmenorca.com, DZ ab € 80, einfacheres 2-Sterne-Hotel von 1984 mit 19 Zimmern nahe Einkaufszentrum und Hafen

B&B Hostal La Isla, Carrer de Santa Caterina 4, 971 36 64 92, www.hostal-laisla.com, DZ ab € 70, einfache, 2021 restaurierte Herberge mit 22 Zimmern, 200 m vom Zentrum

♦ Hostal Jume, C/Concepción nº 6, 971 36 32 66, www.hostaljume.com, DZ ab € 85, einfache Unterkunft 100 m vom Zentrum

An Essgelegenheiten (rund 50) kein Mangel in Maó: In der Altstadt sind eher informelle bzw. kleinere Essgelegenheiten zu finden (Tapas-Bars), während unten am

Hafen die meisten Restaurants und Nachtbars liegen, vor allem in der Moll de Llevant und Moll de Ponent.

Mehrere Supermärkte im Zentrum und am Ortsrand. Häufig sind Filialen von Binipreu, etwa in der Bellavista 11, Borja Moll 39 oder Pintor Calba 36. Stilvoll liegt ein Supermarkt zentral im Mercat del Carme unter dem alten Kreuzgang – mit langen Öffnungszeiten: Mo-Sa 8:00-21:00, So 9:00-15:00.

Markt im Claustre del Carme, dem alten Kreuzgang des 1835 säkularisierten Karmeliterklosters, täglich ab 9:00. Hier gibt es Obst und Gemüse, darunter befindet sich ein Supermarkt und daneben eine Fischmarkthalle.

Rund zehn Apotheken, u. a. am Flughafen im Ankunftsbereich (täglich). Werktags durchgehend geöffnet sind die Farmacia Grandio Garcia, Vives Llull 16, ☏ 971 36 09 93, www.farmaciagrandio.com, Mo-Fr 8:00-21:00, Sa und So 9:00-21:00, und die Farmacia Victory Bernat am Hafen in der Moll de Levant 41, ☏ 971 36 48 69, www.farmaciavictory.com, Mo-Fr 9:00-21:00, Sa 9:00-14:00, von Mai bis Oktober täglich 9:00-22:00.

Hospital Mateu Orfila, Ronda Malbúger, ☏ 971 48 70 00

♦ Centro de Salud Dalt Sant Joan, c/Fornells 106-7, ☏ 971 35 32 55, Notdienst täglich 8:00-22:00

Post in der Carrer de Ciutadella 76, Mo-Fr 8:30-20:30

Von/nach Maó gibt es Busverbindungen zu/von allen größeren Orten der Insel. In Maó bietet Torres mehrere Stadtbuslinien an, www.bus.e-torres.net (☞ Verkehrsmittel unterwegs, S. 55).

Taxi Maó, ☏ 971 36 71 11, Preisbeispiel: Die Fahrt zum 4 km entfernten Flughafen kostet etwa € 15, www.taxismenorca.com.

Maó (katalanisch) oder Mahón (spanisch) ist mit rund 29.000 Einwohnerinnen und Einwohnern die Hauptstadt Menorcas, gegründet durch die Karthager. Nach einer Legende ist General Magón Barkas, der Bruder Hannibals, Namensgeber von Maó.

Maó wurde während der britischen Besatzungszeit im Jahr 1722 Inselhauptstadt. Die Architektur Maós wurde durch die Briten stark beeinflusst, sodass die Stadt heute noch ziemlich britisch anmutet. Kein Wunder, dass hier auch viele Britinnen und Briten leben.

Maó gliedert sich in eine Unterstadt am Hafen sowie die Oberstadt mit dem eigentlichen Ortszentrum. Zentrum der Oberstadt ist das Gebiet rund um den Markt im alten Kreuzgang mit der Fußgängerzone Carrer de Hannover. Namensgeber ist weniger die deutsche Stadt als die mit dem deutschen Stadtnamen bezeichnete Dynastie des britischen Königshauses. Die Plaça de s'Esplanada, ein ehemaliger Exerzierplatz, liegt etwas südwestlich vom Zentrum und beheimatet heute den Busbahnhof.

Die Plaça Bastió wird vom Stadttor **Portal de Sant Roc** aus dem 16. Jh. dominiert, dem einzig erhalten gebliebenen Tor der mittelalterlichen Stadtmauer. Namensgeber ist der heilige Rochus, der als Schutzpatron Epidemien wie Pest und Cholera fernhalten sollte.

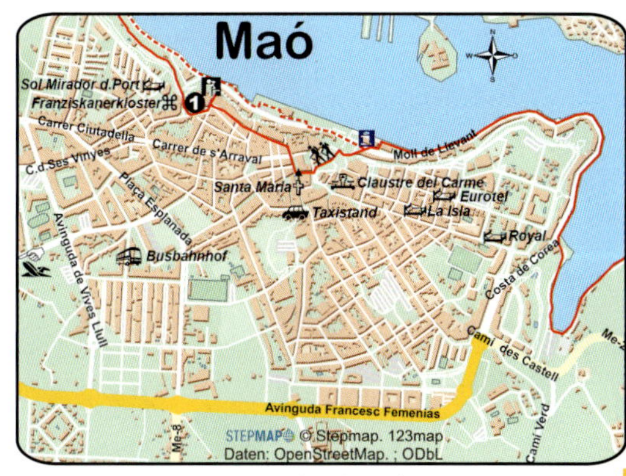

Weg durch Maó

Der Stadtpark **Parc des Freginal** ist eine ruhige grüne Oase inmitten von Maó. Der Eingang zweigt eher unscheinbar unter Häusern in der Fußgängerzone Costa d'en Deià ab.

täglich 8:00-20:00

Die einschiffige Kirche **Santa Maria** aus dem 18. Jh. war früher ein Teil der Stadtmauer. An beiden Seiten befinden sich sechs Kapellen und darüber eine Galerie mit Emporen. Altar und Kanzel sind aus Marmor, das Chorgestühl aus Nussbaumholz. Berühmt ist die Orgel mit ihren mehr als 3.000 Pfeifen, davon 197 aus Holz.

An der Plaça del Princep erhebt sich die Kirche **Nostra Senyora del Carme** aus dem 18. Jh. mit dem dahinterliegenden Kreuzgang des früheren Karmeliterklosters, das 1835 säkularisiert wurde. Danach diente das Klostergebäude weltlichen Zwecken: erst als Gefängnis, dann als Gericht, heute als Markt für Obst und Gemüse. Die im neoklassischen Stil 1820 vollendete Kirche gilt als Hauptkirche von Maó.

⌘ Neben der Kirche steht das **Rathaus** (S'Ajuntament), ursprünglich erbaut um 1613, 1789 barock umgestaltet. Die Turmuhr ließ der damalige englische

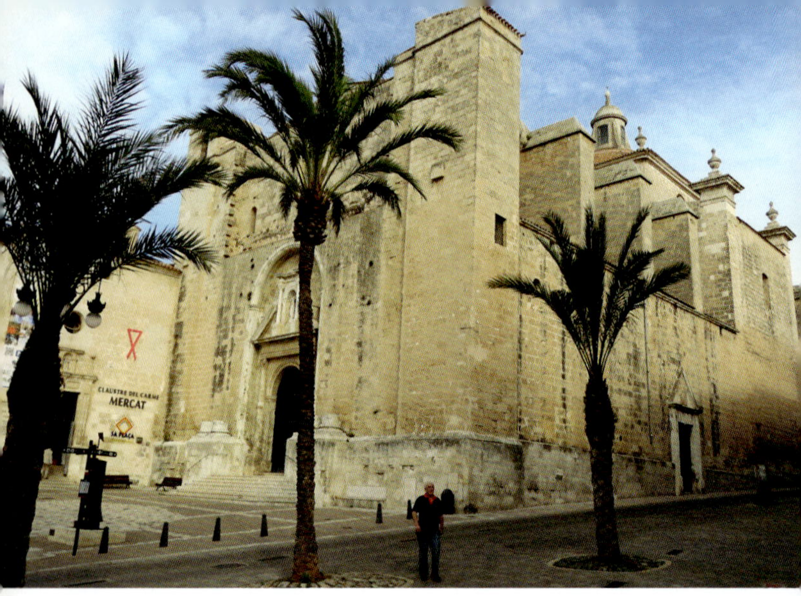

Nostra Senyora del Carme (b)

Gouverneur aus seinem Heimatland kommen. Schräg gegenüber erhebt sich das rote Eckgebäude Principal de Guàrdia, in britischen Zeiten das Haus der Stadtwache.

⌘ Im Obergeschoss des Kreuzganges Claustre del Carme zeigt das **Museu Hernández Sanz – Hernández Mora** die heimatkundlichen Privatsammlungen dieser zwei um 1900 auf Menorca geborenen Historiker und Lehrer. Zu sehen sind u. a. Gemälde, alte Landkarten, Stiche und Möbel.

♦ täglich 10:00-13:00, Eintritt frei

⌘ Das **Museu de Menorca** befindet sich in dem Barockgebäude eines ehemaligen Franziskanerklosters in der Plà des Monestir 9 im Nordwesten der Innenstadt. Auf drei Stockwerken wird die Geschichte Menorcas von der Talaiot-Kultur bis zum 20. Jh. veranschaulicht – mit wertvollen Fundstücken, Karten und Gemälden.

♦ www.museudemenorca.com, Oktober bis Mai Mi, Fr-So 10:00-14:00, Di und Do 10:00-18:00, Juni bis September Di-So 10:00-14:00, Di-Fr auch 18:00-20:00, Eintritt € 4

Hinter dem Museum bzw. Markt bzw. Kreuzgang bietet sich eine herrliche Aussicht auf den Hafen von Maó.

Naturhafen von Maó – der größte?

Die fjordartige Bucht vor Maó (Ria) hat mit einer Länge von 5,5 km und einer Breite von bis zu 1,2 km beachtliche Ausmaße und gilt als einer der größten Naturhäfen im Mittelmeer, der in vielen Epochen den seefahrenden Nationen als sichere Basis ihrer Flotte diente. Heute legen hier jährlich rund 100 Kreuzfahrtschiffe an.

Die Angaben zum Naturhafen von Maó ersticken je nach Quelle in Widersprüchen; da scheinen viele (Ab-)Schreiberinnen und Schreiber bei der großen Zahl von Quellen über Zitate und Superlative den Überblick verloren zu haben:

Beim Genueser Großadmiral Andrea Doria ist der Widerspruch noch überschaubar. Von ihm stammt der Ausspruch: *Julio, Agosto y Mahón/los mejores puertos del Mediterraneo son* („Juli, August und Mahón sind die sichersten Häfen im Mittelmeer"). Ein Reiseführer erhöht die Zahl der Häfen im Zitat auf vier und nennt den Juni noch dazu.

Zugegeben, das ist im Vergleich zu den Superlativen über den Naturhafen etwas pedantisch: Der Naturhafen von Maó ist laut Wikipedia und Dumont der „größte Naturhafen im Mittelmeer" und im Michael-Müller-Reiseführer sowie auf der Website der lokalen Hafenbehörde steht, er sei der „zweitgrößte Naturhafen der Welt" – nach Sydney. Logisch gesehen mag jeder Superlativ für sich genommen stimmen. Wer allerdings bei Wikipedia unter dem Stichwort „Valletta" liest, dass die beiden größten Naturhäfen des Mittelmeeres auf Malta liegen, wird stutzig. Wie viele „größte Naturhäfen" am Mittelmeer soll es denn insgesamt geben? Und mit der weltweiten Dimension ist es auch nicht so weit her: In Ranglisten der weltweit fünf größten Naturhäfen taucht Menorca nicht auf, dafür sind mit dem irischen Cork und dem britischen Poole zwei nordeuropäische vorne dabei, also auch in Europa erreicht Menorca keine „Spitzenposition". Damit relativieren sich alle vorgebrachten Superlative.

Etwas genauer beschreibt die englischsprachige Website *wikitravel* den Superlativ von Menorca: Der Hafen von Maó sei der zweittiefste Naturhafen weltweit – nach Pearl Harbour. Aber auch hier tut sich ein Widerspruch auf, weil das cornische Falmouth mit dem Superlativ wirbt: „tiefster Naturhafen Europas".

Tatsächlich leitet sich die Größe eines Naturhafens vor allem von der Definition ab und damit nehmen es alle nicht so genau, die sich eher von der Sucht nach Superlativen leiten lassen. Wie auch immer – beachtlich ist der Naturhafen von Maó auf jeden Fall.

Unten am Hafen (**Baixamar**) liegen alte Fischerhäuser mit Restaurants und Cafés sowie der bekannten **Ginfabrik Xoriguer**, die – natürlich – aus der Zeit der britischen Besatzung stammt und besichtigt werden kann.

- www.xoriguer.es, Mo bis Fr 9:30-19:00, Sa 10:00-14:30, Eintritt frei

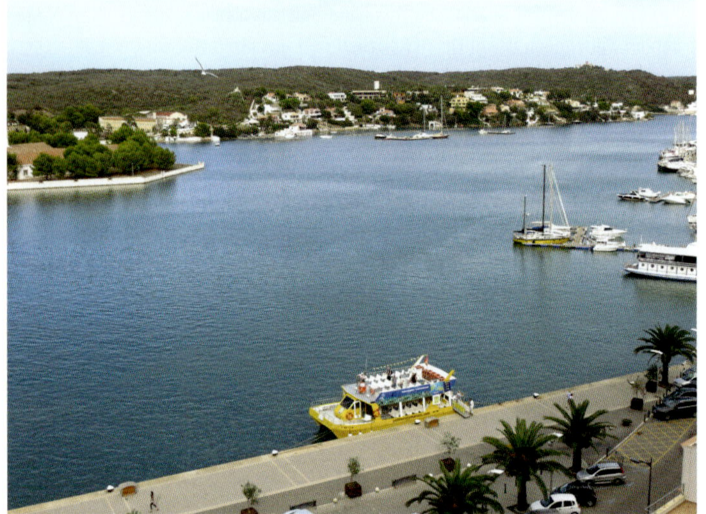

Weiter Blick über den Hafen von Maó (b)

Im bzw. am Hafen liegen vier Inseln: Illa Pinto, Illa del Rei, Illa des Llatzaret und Illa Plana (auch L'Illa de la Quarentena). Die letzten beiden Inseln dienten früher bei Epidemien zur Quarantäne bzw. Isolierung von Personen, die erkrankt waren. Wo früher Opfer von Pest, Cholera und Typhus dahinsiechten, vergnügen sich heute Touristen. Oberhalb der Hafeneinfahrt ist die Burg Sant Felip unverkennbar, erbaut von den Spaniern im 16. Jh. und von den Briten im 18. Jh. sternförmig ausgebaut.

Am Hafen bieten zwei Firmen mehrmals täglich einstündige Hafenrundfahrten mit Glasboden-Katamaranen an (etwa € 14):

- Yellow Catamarans, 639 67 63 51, www.yellowcatamarans.com
- Don Joan, 971 36 91 81, www.rutasmaritimasdelacruz.com

1. Etappe: Maó – Cap de Favàritx

20,5 km, 5-6 Std., 520 m, 520 m, 0-65 m, optional 14 km ab Sa Mesquida

0,0 km	2 m	Maó B&B
5,8 km	5 m	Sa Mesquida
11,8 km	1 m	Naturpark s'Albufera des Grau
		(Variante nach Es Grau ⌘)
15,3 km	1 m	Cala de Sa Torreta
20,5 km	5 m	Cap de Favàritx

Die ersten 6 km – von Maó zur Küste bei Sa Mesquida – sind monoton und großteils entlang der Straße. Hier bietet sich als Alternative ein Transfer mit Bus/Taxi an. Ab Sa Mesquida wandern Sie entlang der Küste mit Strand, Dünen und kleinen Buchten. Später geht es ins Landesinnere über landwirtschaftlich genutzte Flächen mit Trockensteinmauern. Nach einem kurzen Straßenabschnitt ist ein Abstecher nach Es Grau möglich, ehe Sie die schöne Passage durch die Küstenlagune s'Albufera des Grau mit ihren Salzpflanzen und Tamarisken erwartet, das Herz des Biosphärenreservats Menorca.

Vorbei an mehreren Buchten mit Stränden geht es durch eine einsame und abwechslungsreiche Küstenlandschaft zum Cap de Favàritx mit seinem charakteristischen schwarzgrauen Schiefergestein, den Socarrells-Sträuchern und dem Leuchtturm. Diese Etappe ist lang, aber relativ leicht, mit einigen kurzen An- und Abstiegen. Unterwegs gibt es mehrere Badegelegenheiten, etwa Cala des Tamarells und Cala Mesquida.

Variante für Abkürzung: Start ab Sa Mesquida

(6 km weniger)

Um 6 km entlang der Straße nach Sa Mesquida zu vermeiden, bietet es sich an, diese Etappe in Sa Mesquida statt in Maó zu beginnen. Dorthin gelangen Sie von Maó per Taxi (10 Min., etwa € 14) oder in der Hauptsaison mit der Buslinie 24.

Camí de Cavalls in Maó – das bedeutet vor allem Asphalt, daher ist der Einstieg ab Sa Mesquida empfehlenswert (☞ oben). In Maó am Hafen gegenüber vom Hafenterminal führt der Weg mit Stufen links aufwärts in die Altstadt.

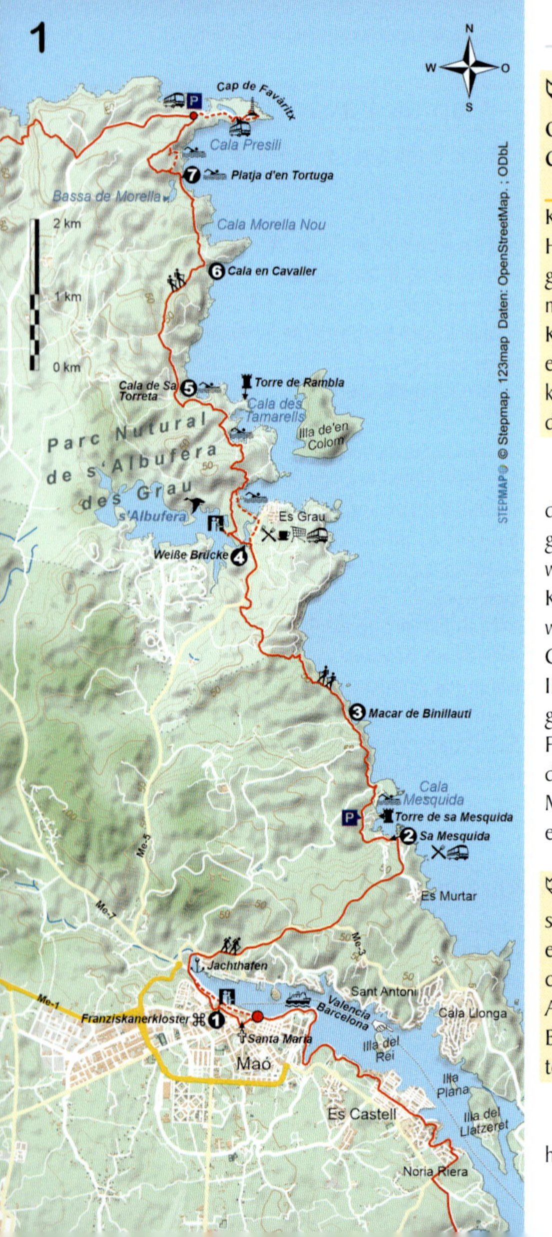

Variante ohne Altstadt an der Küste

(➲ 300 m kürzer)

Kürzer und ohne Höhenmeter, aber weniger schön ist es, wenn man unten neben der Küstenstraße am Ufer entlanggeht und bei km 1,4 wieder den Camí de Cavalls erreicht.

Oben gehen Sie auf der kleinen Straße geradeaus und 50 m weiter rechts, an der Kathedrale vorbei und weiter entlang der Gasse Carrer d'Isabell II., die vor dem prächtigen Portal des alten Franziskanerklosters mit dem Museum von Menorca ❶ (km 0,7) endet (Info ☞ Maó).

Vor dem Portal stehend ist nach rechts ein 30 m langer Abstecher zu einem schönen Aussichtspunkt über die Bucht von Maó obligatorisch.

Vor dem Kloster stehend gehen Sie halb

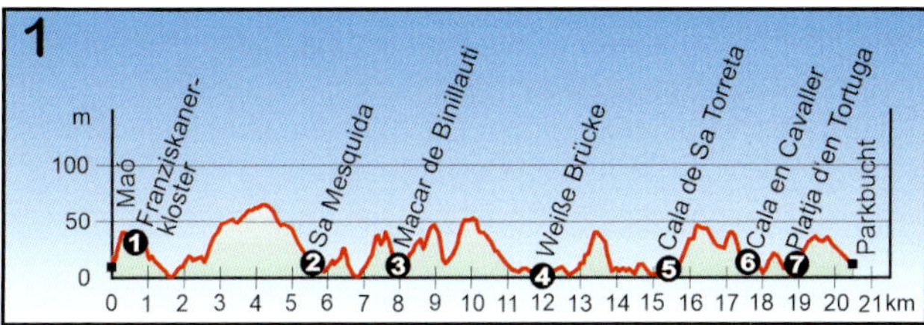

links abwärts und kurz darauf rechts; die kleine Straße Costa de Ses Piques führt mit schönem Buchtblick abwärts und mündet beim Jachthafen in die Küstenstraße ein (km 1,3), der Sie geradeaus folgen.

Kurz vor dem Ende der Bucht, beim Jachthafen (km 1,4), halten Sie sich rechts am Ufer entlang. Am landseitigen Ende des Naturhafens, nach Querung eines Baches, folgen Sie geradeaus der Straße ME3 Richtung Mesquida.

Nach 2 km folgen Sie dem Camí de Cavalls bei einer Straßengabelung links Richtung Sa Mesquida, das Sie nach 20 Min. erreichen (km 5,5). Sie gehen auf dem Camí de Cavalls entlang der Hauptstraße durch die Feriensiedlung Sa Mesquida ❷ bis zum Straßenende mit Parkplatz oberhalb vom Strand (km 6,4).

Sa Mesquida

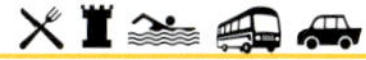

✕ Bar Sa Mesquida in der Carrer d'en Fonso 2, in der Saison Mi-Mo ab 12:00

♦ Cap Roig, Carrer Gran de sa Mesquida 13, Fischrestaurant in schöner Lage über der Küste, www.restaurantcaproig.com, Ostern bis Ende Oktober täglich 12:30-23:30

Buslinie 24 von/nach Maó, nur in Hauptsaison, 971 36 04 75, www.tmsa.es

Ein Taxi von/nach Maó kostet etwa € 18, 699 00 77 90, www.taxismenorca.com.

Sa Mesquida ist ein kleiner und junger Ort an der Nordküste von Menorca, an der gleichnamigen Bucht. Überragt wird er von einem britischen Wehrturm aus dem 18. Jh., der gleichzeitig den langen sichelförmigen Strand in zwei Abschnitte trennt.

Wach- und Wehrtürme rund um die Insel

Wachtürme gibt es schon seit dem 16. Jh. an exponierten Stellen der menorquinischen Küste – seit den Übergriffen des türkischen Korsars Ariadeno Barbarossa. Die heutigen Türme wurden großteils von den Briten im 18. Jh. und Anfang des 19. Jh. erbaut, als diese mehrere Wachtürme zum Schutz vor der französischen

Flotte anlegten. An besonders markanten und hoch gelegenen Punkten der Küste entstanden diese Wehrtürme aus Naturstein.

Diese Verteidigungstürme haben durch eine Extraschicht aus lokalem Kalkstein breitere Mauern als die reinen Wachtürme. Und sie dienten als kleine Kasernen mit verteidigungsbereiten Soldaten, während die Wachtürme rund um die Uhr von mindestens zwei Turmwächtern besetzt waren.

Rund um die Küste sind noch 17 Wachtürme erhalten, die meisten sind nicht zugänglich.

Reine Wachtürme sind auch im Inselinneren zu finden. Sie dienten vor allem der Kommunikation und wurden daher so positioniert, dass von jedem Turm zum nächstfolgenden Sichtkontakt bestand.

Vom Strandparkplatz bei Cala Mesquida geht es geradeaus nach 200 m an die Küste.

Rechts liegt der besonders bei den Einwohnerinnen und Einwohnern von Maó beliebte Strand **Sa Mesquida**.

Sie lassen den Strand rechts liegen und folgen dem Holzbohlenweg geradeaus. Nach 200 m passieren Sie am Ende des Holzbohlenweges das Gatter (km 6,9) und folgen dem Camí de Cavalls halb links aufwärts zum Küstenpfad, der Sie nach Kurzem rechts am Militärgelände „San Isidro" vorbeiführt. Nach etwa 10 Min. gehen Sie bei einer Gabelung rechts abwärts und passieren nach 5 Min. die **Macar de Binillauti** ❸, eine Bucht aus Kieselsteinen mit einer Infotafel. Sie gehen über den Steinstrand, vorbei an dem kleinen Gebäude, durch ein Holzgatter und Socarrells-Vegetation, kleinen kissenförmigen Zwergsträuchern. In der folgenden Bucht halten Sie sich vor einem alten Gebäude scharf links (km 9,3) und wandern weiter über landwirtschaftlich genutztes Gebiet und Weide. Bei einer Viehtränke gehen Sie links durch das Gatter und folgen dem Schotterweg zwischen Mauern. Der Schotterweg mündet nach 150 m, direkt nach einem Gatter, in eine Straße ein (km 11), der Sie etwa 10 Min. nach rechts folgen (760 m), auf die Küste zu. Bei einer Infotafel über den Camí de Cavalls biegen Sie links von der Straße ab; geradeaus führt die Straße mit Radweg nach Es Grau.

Variante nach Es Grau (➲ 2 x 500 m)

Für eine Einkehr empfiehlt sich ein Abstecher nach Es Grau: Sie folgen der Straße geradeaus, am besten auf dem Radstreifen. Nach 5 Min. erreichen Sie den Park-

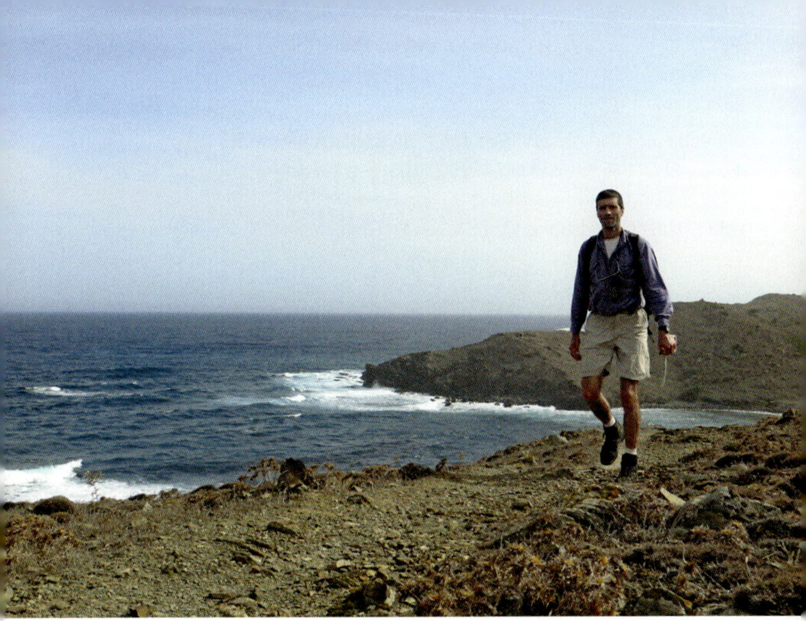

Zwischen Sa Mesquida und Es Grau (b)

platz mit links einer Bushaltestelle; dahinter liegt das kleine Fischerdorf mit Einkehrgelegenheiten.

Es Grau

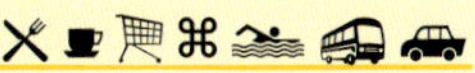

- C'an Bernat in der S'Arribada 18, ☎ 971 35 88 14, in der Touristensaison täglich 8:00-21:00
- ♦ Es Moll in der Moll d'es Magatzems am Fischerhafen, in der Touristensaison Di-So 12:00-17:00
- Bar Es Grau auf der Plaça de Mestre am Ortseingang, in der Touristensaison täglich 9:00-23:00
- Supermercat Es Grau, Carrer Tramuntana 14, ☎ 971 18 81 10, Mo-Sa 9:00-20:00
- Bus von/nach Maó, 4x täglich von Mitte Juli bis Mitte September, ☎ 971 15 43 90, www.autosfornells.com
- Ein Taxi nach Maó kostet ab € 18, 699 00 77 90, www.taxismenorca.com.

Es Grau liegt etwas abseits vom Touristenstrom, am Rande des Naturparks s'Albufera des Grau.

⌘ Die Ausstellung „Centre de Recepcio Rodriguez Femenias" informiert in der Nähe des Parkplatzes über den Naturpark s'Albufera des Grau.

♦ ☏ 971 35 63 02, täglich 9:00-14:00

langer Sandstrand westlich von Es Grau

Zurück von Es Grau gehen Sie entweder wieder auf der Straße zum Camí de Cavalls, um so auch das lohnende Naturreservat zu erkunden. Oder Sie verzichten auf das Naturreservat und gehen am Platja des Grau entlang, einem stärker frequentierten Sandstrand. Nach 600 m stoßen Sie auf den Camí de Cavalls.

Der Camí de Cavalls quert über eine (weiße) Brücke ❹ den Zufluss zur Lagune von Albufera. 70 m nach der Brücke gehen Sie links auf dem Holzbohlenweg in das Naturreservat und biegen nach 150 m nach rechts ab – oder machen geradeaus einen Abstecher zu Aussichtspunkten.

Abstecher zu Aussichtspunkten/Miradores

(➲ lohnende 400 m)

Sie folgen dem Holzbohlenweg geradeaus und passieren nach 50 m den ersten Aussichtspunkt zur Linken. Der zweite folgt nach 100 m und kurzer Steigung (20 Höhenmeter) mit lohnender Aussicht auf den Lagunensee des Naturparks. Empfehlenswert!

Um wieder auf den Camí de Cavalls zu gelangen, gehen Sie zurück zur Abzweigung und biegen dort links ab auf das Kiefernwäldchen zu. Am Ende des Holzbohlenweges folgen Sie links dem Weg durch das Kiefernwäldchen.

s'Albufera des Grau – vom Golfplatz-Projekt zum Biosphärenreservat

Der 1995 gegründete Naturpark s'Albufera des Grau ist Kernzone des UNESCO-Biosphärenreservats Menorca. In den70er-Jahren sollte hier eine große Ferienanlage mit Golfplatz entstehen, aber dieses Projekt wurde nach großem Widerstand der Bevölkerung gestoppt.

Das 5.000 ha große Naturreservat besteht vor allem aus einer 2 km langen fischreichen Lagune, die zahlreiche Vögel anzieht – ganzjährig rund 60 Entenarten sowie Stelzenläufer und Fischadler. In der Zugvogelzeit und im Winter ist der bunte Eisvogel zu sehen. Die rund 70 ha große Wasserfläche gilt als eines der wichtigsten Feuchtgebiete des Mittelmeers. Da der Grundwasserspiegel auf

Menorca durch die starke Wassernutzung gesunken ist, muss der Wasserstand kontrolliert – sprich Wasser aufgestaut – werden, um die Lagune zu erhalten.

Eine Ausstellung informiert über den Naturpark (☞ Es Grau, S. 76).

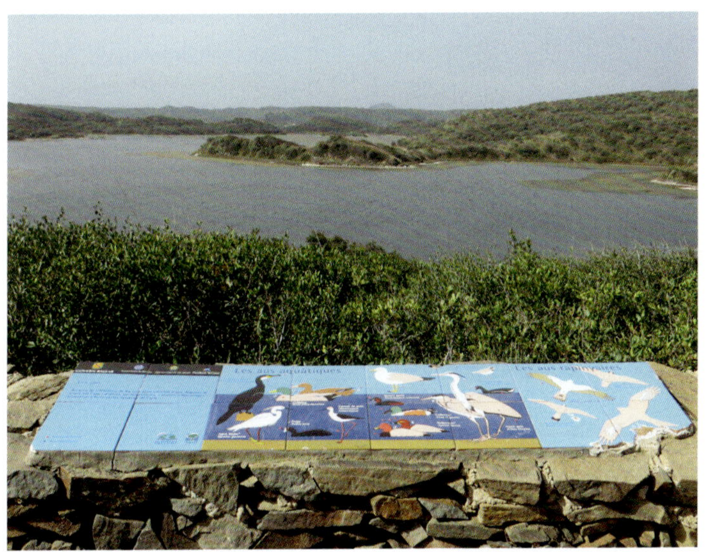

Der Park s'Albufera des Grau

Der Camí de Cavalls führt nach 10 Min. aus dem Kiefernwald heraus und in einer Rechtskurve auf das westliche Ende des Strandes von Es Grau zu (km 12,5). Am Strand halten Sie sich links und folgen dem Camí de Cavalls kurz darauf leicht aufwärts. Nach 10 Min. passieren Sie den kleinen Strand von **Cala des Tamarells** (km 14) – ein beliebter Badestrand in einer Bucht zwischen zwei Felsen. Rechts liegt die Insel Illa de'en Colom. Diese 58 ha große Insel war früher (im 18. Jh.) Quarantäne-Station, heute ist sie als Privatbesitz Teil des Naturparks s'Albufera des Grau. Rechts erhebt sich an der Küste der **Torre de Rambla**. Dieser Wachturm, auch Sa Torreta oder Torre de los Tamarells genannt, wurde im 18. Jh. von den Briten errichtet. Nach 20 bis 30 Min. (km 15) passieren Sie die nächste Bucht.

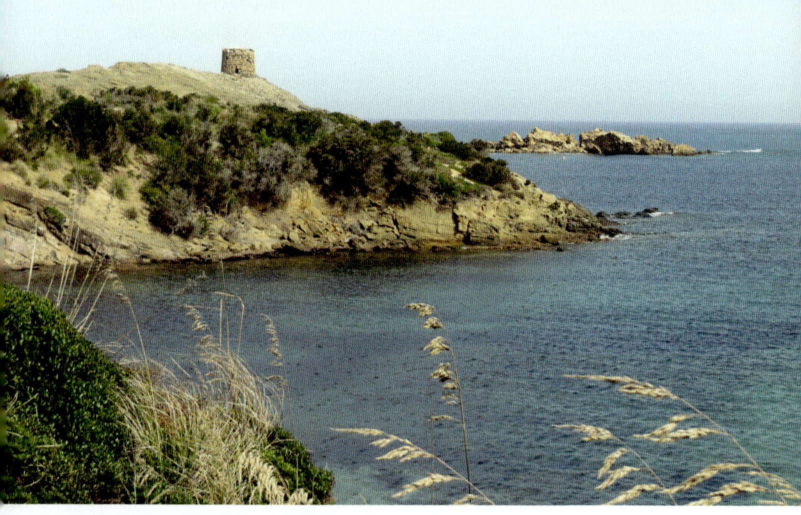

In der Cala des Tamarells (b)

Der in einer Bucht liegende Strand bei **Cala de Sa Torreta** ❺ wird zum Süden von Dünen abgegrenzt, dahinter wachsen Kiefern.

Westlich vom Strand passieren Sie das Holzgatter und folgen dem Camí de Cavalls durch eine Landschaft mit verwilderten Olivenhainen, nach 40 Min. vorbei an der **Cala en Cavaller** ❻ (km 17,6), die genauso wie die folgende eine durch einen Felsvorsprung zweigeteilte Bucht mit zwei Stränden aus Kieselsteinen ist. Nach 10 Min., nach einem kurzen Waldstück mit Nadelbäumen, gehen Sie bei einer Kreuzung bei **Cala Morella Nou** geradeaus. Rechts unterhalb liegt die Cala Morella Nou mit einem einsamen Strand. Nach 10 Min. führt der Camí de Cavalls nach einer Linkskurve hinunter zum nächsten Strand ❼ (km 18,7).

Platja d'en Tortuga, naturnaher Strand mit grobkörnigem Sand und kleinen Steinen, ohne Service. Eine Düne mit Wasserlilien trennt den Strand vom dahinterliegenden Lagunensee ab.

Lagune Bassa de Morella

Die besonders ursprüngliche Lagune Bassa de Morella entwickelte sich an der Mündung mehrerer Bäche. Unter dem 1,5 m tiefen Lagunensee aus Süßwasser befindet sich eine wasserundurchlässige Schicht, daher kann das Regenwasser nicht versickern. Durch das Schiefergestein gibt es keinen Kontakt zum Meerwasser, sodass die Lagune aus Süßwasser besteht – für die benachbarten Höfe ein willkommenes Wasserreservoir.

Die 2,5 ha große Lagune steht seit 2003 unter Naturschutz. Typische Vögel sind das Blesshuhn (*Fulica atra*), Zwergtaucher (*Trachibaptus rutificollis*) sowie Zugvögel und Wintergäste. Am Ufer gedeihen Tamariskenwälder (*Tamarix*), Binsen (*Juncus*) und Schilfrohr (*Phragmites australis*).

Auf der anderen (westlichen) Seite des Strandes folgen Sie dem Camí de Cavalls durch das Holzgatter und aufwärts. Nach 200 m ↳ zweigt nach rechts ein Weg hinunter zur einsamen Bucht **Cala Presili** mit dem Strand Platja de Capifort ab, während der Camí de Cavalls nach links in einem Bogen landeinwärts um die Bucht herumführt. Der Camí de Cavalls erreicht nach Querung eines Holzgatters die Straße zum Cap de Favàritx mit einer Parkbucht (km 20,5). Hier können Sie sich abholen lassen, da es in der Nähe keine Übernachtungsgelegenheiten gibt.

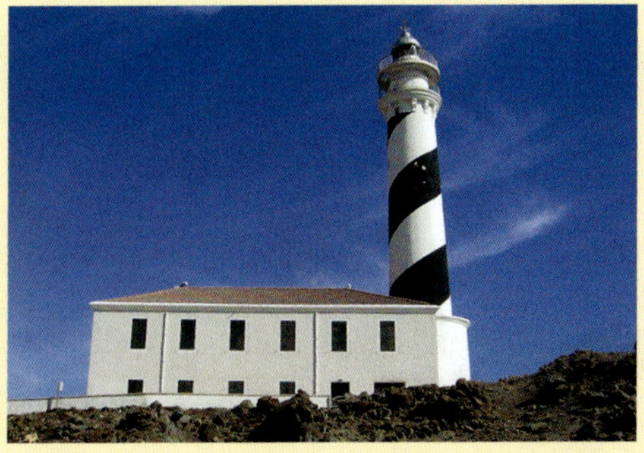

Der Leuchtturm am Cap de Favàritx (rs)

↳ Am Cap ist nach rechts ein kurzer Abstecher zum Leuchtturm (2x 1 km) möglich, entweder auf der Straße oder beidseitig davon auf den Felsen.

Das **Cap de Favàritx** mit seinem schwarz-weiß gestreiften, 1922 errichteten Leuchtturm ist eine weit in nordöstliche Richtung hinausragende Halbinsel mit schroffen Felsen aus Schiefergestein, die zum Naturpark s'Albufera gehört. Unterhalb von dem Cap liegen einige einsame Strände. Am Cap de Favàritx gibt es keine Unterkünfte. Linienbusse verkehren nur im Sommer:

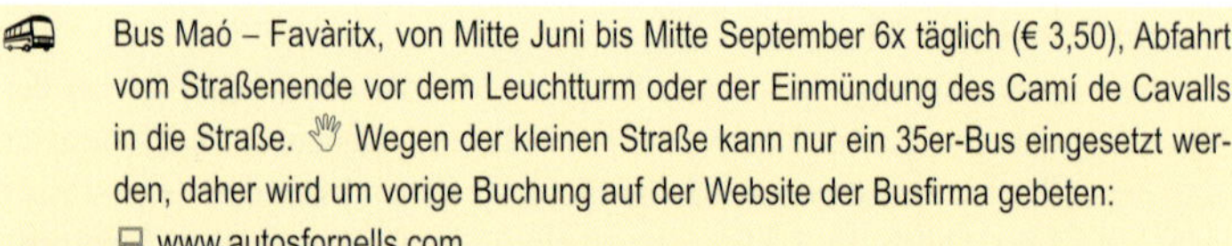

Bus Maó – Favàritx, von Mitte Juni bis Mitte September 6x täglich (€ 3,50), Abfahrt vom Straßenende vor dem Leuchtturm oder der Einmündung des Camí de Cavalls in die Straße. Wegen der kleinen Straße kann nur ein 35er-Bus eingesetzt werden, daher wird um vorige Buchung auf der Website der Busfirma gebeten: www.autosfornells.com.

Das Taxi von/nach Maó kostet ab € 25, 699 00 77 90, www.taxismenorca.com.

2. Etappe: Cap de Favàritx – Arenal d'en Castell

12,3 km, 4 Std., ↑ 240 m, ↓ 220 m, ⇧ 0-62 m

0,0 km	⇧ 5 m	Cap de Favàritx
9,6 km	⇧ 40 m	Port d'Addaia
12,3 km	⇧ 25 m	Arenal d'en Castell

Von der vegetationsarmen Mondlandschaft beim Cap de Favàritx wandern Sie zunächst durch das Landesinnere, bis Sie bei Pou d'en Caldes wieder an die Küste

Am Cap de Favàritx (b)

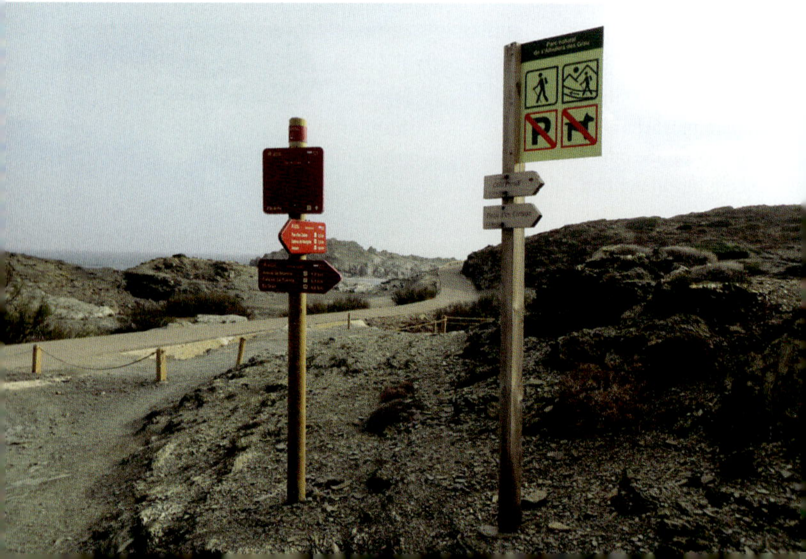

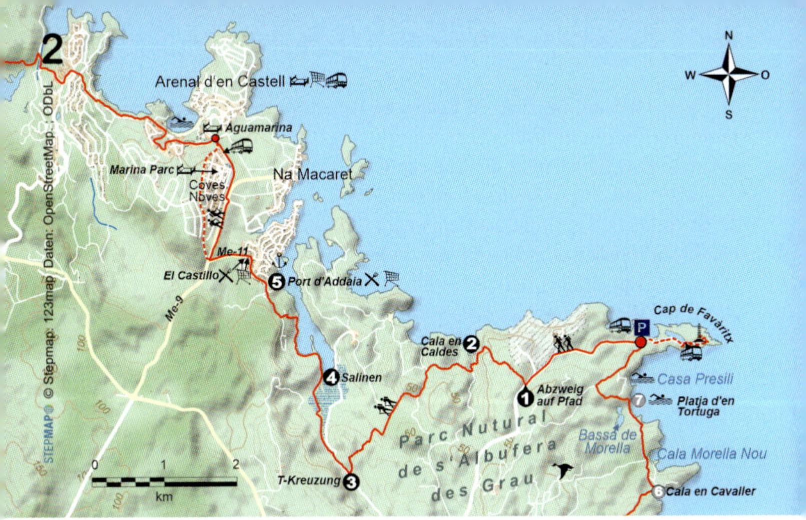

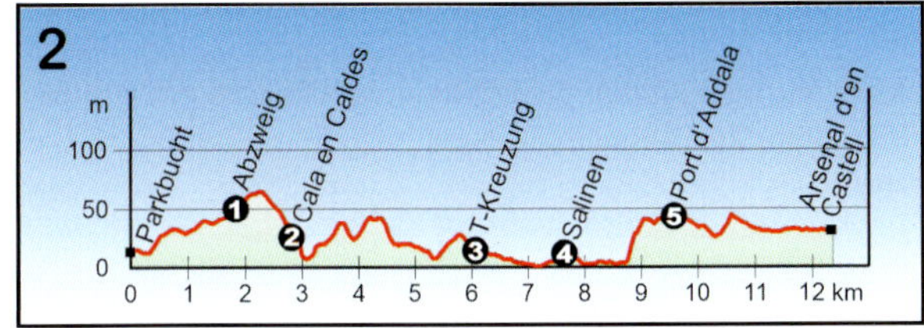

gelangen. Weiter geht es erneut in das Landesinnere, ehe Sie im Süden von Port d'Addaia eine Saline mit interessanten Wasserpflanzen passieren. Zwischen Port d'Addaia und Arenal wandern Sie überwiegend entlang der Straße.

Falls Sie von einem Transfer zum Startpunkt der Wanderung (500 m vor dem Leuchtturm) gebracht werden und das Schiefergestein am Leuchtturm Favàritx bereits gesehen haben, ist es sinnvoll, sich bei Abzweigung bei km 2 ❶ absetzen zu lassen, 2,5 km vor dem Leuchtturm. So sparen Sie gegebenenfalls 2 km Taxifahrt und 2 km Wandern auf Asphalt.

Vom Cap de Favàritx folgen Sie zunächst der landeinwärts führenden Zufahrtsstraße zum Leuchtturm. Nach 2 km nehmen Sie den rechts abzweigenden Pfad ❶, der Sie westwärts durch das Landesinnere führt.

Nach 10 Min., bei Cala en Caldes ❷ (km 2,8), stoßen Sie wieder auf die Küste. Hier begegnet Ihnen viel endemische Vegetation, darunter mehrere Socarrellarten. Kurz darauf führt der Camí de Cavalls wieder in das Landesinnere.

Nach 1 Std. folgen Sie dem Camí de Cavalls an der T-Kreuzung mit einer Straße ❸ rechts (km 6,1) und passieren nach 30 Min. zur Rechten ehemalige Salinen ❹. Schließlich erreichen Sie das Südende von **Port d'Addaia** ❺, einer Feriensiedlung mit kleinem Naturhafen für Jachten (km 9,6), aber ohne Strand.

- einige wenige Restaurants/Bars im Ort, etwa El Castillo, Avenida Port d'Addaia 4, ☏ 971 20 70 39, in der Touristensaison Di-So 10:00-23:00
- kleiner Supermarkt, Avenida Port d'Addaia 1, ☏ 871 53 89 10, in der Touristensaison 8:00-21:00

Sie folgen der Straße zur Hauptzufahrtsstraße ME-9 und dieser rechts Richtung Küste. Nach 900 m geht es beim Kreisverkehr bei der dritten Abfahrt nach links Richtung Coves Noves und gleich darauf rechts entlang der Carrer de Sa Marina nordwärts in einem leichten Linksbogen nach Arenal d'en Castell.

Alternativ können Sie an der Kreuzung auch geradeaus gehen und der Nebenstraße zum Ortseingang hinein nach Arenal d'en Castell folgen (➲ gleiche Länge).

An der Calle de Marina, kurz vor dem Hotel Aguamarina, kommen beide Wege wieder zusammen (km 12,3).

Arenal d'en Castell

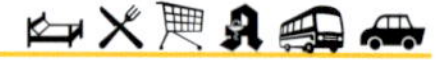

- White Sands Beach Club, Via Ronda ZH3 – Arenal d'en, ☏ 971 35 80 75, www.diamondresorts.com/White-Sands-Beach-Club, DZ ab € 100, Urlaubsanlage an der Küste mit gut ausgestatteten Studios mit allem möglichen Schickimicki
- Hotel Aguamarina, Passeig d'es Passerell 3, ☏ 971 35 80 60, hola@clubhotelaguamarina.com, www.clubhotelaguamarina.com/de, DZ ab etwa € 65, minimal 3 Nächte, große 3-Sterne-Urlaubsanlage mit 523 Zimmern verteilt auf zwei Gebäude, 100 m vom Strand entfernt
- Marina Parc, Coves Noves, ☏ 971 35 82 00, DZ ab etwa € 120, 4-Sterne-Hotel mit 181 Zimmern, 700 m landeinwärts im Ortsteil Coves Noves und damit direkt am Camí de Cavalls
- Blue Arenal, Calle Rumaní, ☏ 971 35 82 59, in der Touristensaison täglich ab 13:00, eine von mehreren in der Touristensaison geöffneten Einkehrgelegenheiten im Ort

kleine Supermärkte im Ort, etwa Avenida de s'Arenal, ☏ 971 35 80 96, in der Touristensaison täglich 8:30-21:00

Farmacia Arenal d'en Castell, Via Ronda 32, ☏ 971 35 82 63, Mo-Sa 9:00-13:30, Mo-Fr auch 16:30-19:30

Linienbus der Firma Fornells mehrmals täglich von/nach Maó, Fornells und Es Mercadal, Tarif jeweils zwischen € 2 und 3,50. Bushaltestellen gibt es mehrere im Ort, die erste ist gleich am Ortseingang in der Calle de la Marina, weitere folgen beim Durchgang durch den Ort. ☏ 971 15 43 90, www.autosfornells.com, www.menorca.tib.org/de

Das Taxi von/nach Maó kostet etwa ab € 30, 699 00 77 90, www.taxismenorca.com.

Arenal ist eine reine Urlaubssiedlung mit nettem Strand innerhalb einer geschwungenen Bucht. Große Hotelanlagen dominieren den Ort, die sich vor allem an badende Pauschalurlauberinnen und Pauschalurlauber richten und nur Verträge mit Reiseveranstaltern schließen.

3. Etappe: Arenal d'en Castell – Platges de Fornells

12,3 km, 4 Std., ↑ 170 m, ↓ 190 m, ⇧ 0-47 m

0,0 km	⇧ 25 m	Arenal d'en Castell
2,9 km	⇧ 15 m	Son Parc
3,8 km	⇧ 2 m	Strand Arenal de Son Saura
11,0 km	⇧ 2 m	Ses Salines (Variante nach Fornells B&B ⌘)
12,3 km	⇧ 2 m	Platges de Fornells

Die ersten 3 km geht es überwiegend über Straße durch Urlaubsanlagen, ehe Sie nach einem Süßwassersee durch Wald mit Pinien wandern und eine alte Saline passieren, heute ein Feuchtgebiet mit Salzpflanzen und Tamarisken. Nach einem trostlosen, 2,4 km langen Abschnitt auf der Straße bietet sich ein Abstecher in das Fischerdorf Fornells mit seinem Wachturm an.

Die Etappe endet kurz nach der Abzweigung nach Fornells in der Urlaubssiedlung Platges de Fornells.

In Arenal d'en Castell folgen Sie links der Avinguda de s'Arenal und wandern auf der Straße bis zum Ende der Urlaubssiedlung, unterhalb der Hotelanlagen Castell Playa und White Sands Beach ❶ entlang. Bei Straßengabelungen halten Sie sich rechts. Am Ende der Siedlung – die Straße macht eine Linkskurve (km 1,5) – nehmen Sie den rechts abzweigenden Fußweg und folgen diesem 10 Min., bis Sie die Straße zur Urlaubssiedlung Son Parc erreichen. Nach 500 m auf der Straße – Abzweigungen beachten Sie nicht – gehen Sie bei einer Bushaltestelle und kurz vor dem Hotel Sol Parc ❷ links in die Calle Major (km 2,9).

Son Parc

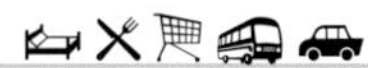

Beach Club, Carrer del Caragol 24, ☏ 971 18 80 82, beachclub@sonparchotels.com, www.sonparchotelsmenorca.com, DZ ab € 60 pro Tag, nur für mindestens 3 Tage buchbar, Urlaubsanlage auf der Halbinsel

♦ Sol Parc, Urb. Son Parc, H-1, ☏ 971 18 81 51, solparc@sonparchotels.com, www.sonparchotelsmenorca.com, DZ ab € 120, große Urlaubsanlage mit 270 Zimmern in mehreren zweigeschossigen Gebäuden

mehrere Einkehrgelegenheiten im Urlaubsort, die aber nur in der Saison geöffnet sind, etwa Restaurant Mesón Los Porches in der Vial del Arenal 89, ☏ 971 35 93 98, Juni bis September täglich 10:00-20:00, warme Küche 12:00-17:00, Restaurant oberhalb vom Strand

Next2 Supermarkets Son Parc an der Gabelung Carrer Mayor und Vial del Arenal, ☏ 971 93 95 40, zwischen Ostern und Oktober täglich 8:30-21:00

Linienbus der Firma Fornells in touristischer Saison mehrmals täglich von/nach Maó, Fornells und Es Mercadal, Tarif jeweils etwa zwischen € 2 und 3,50. Bushaltestellen gibt es mehrere im Ort, die nächste am Camí de Cavalls ist am Hotel Sol Parc. Weitere sind am Hotel Beach Club sowie nahe dem Golfplatz. ☏ 971 15 43 90, www.autosfornells.com, www.menorca.tib.org/de

Das Taxi von/nach Maó kostet etwa ab € 33, 699 00 77 90, www.taxismenorca.com.

Son Parc ist eine große, eher gesichtslose Feriensiedlung an einem Golfplatz mit Schatten spendenden Kiefernwäldern.

250 m nach der Bushaltestelle, am Ende der Anlage des Hotels Sol Parc, und ein weiteres Mal nach 5 Min. biegen Sie rechts ab, um nach 200 m den Parkplatz ❸ zum Strand von Son Parc zu queren: Arenal de Son Saura (km 3,8).

Der Strand **Arenal de Son Saura** ist einer der wenigen Strände im Norden mit guter Infrastruktur.

Der Camí de Cavalls zweigt am Parkplatz links landeinwärts ab und führt rechts vorbei am Feuchtgebiet **Prat de Son Saura**, einem Süßwassersee mit Schilf im Uferbereich. Sie wandern weiter durch bewaldetes Gebiet und passieren dann einige verfallene Schuppen sowie zur Linken die Ruinen der frühchristlichen Basilika Cap del Port de Fornells ❹ (km 7,7). Weiter geht es durch Wald, südlich von der Bucht Cala Blanca. Etwa 1,5 Std. nach dem Strandparkplatz (km 8,6) erreichen Sie eine – meist mäßig befahrene – Asphaltstraße. Rechts liegt am landseitigen Ende der Bucht eine ehemalige Saline. Nun beginnt eine etwa 40 Min. lange unschöne Passage auf der Straße, zunächst etwa 10 bis 15 Min. rechts auf der erreichten Asphaltstraße (ME-7) und nach einer Abzweigung weiter rechts auf der ME-15.

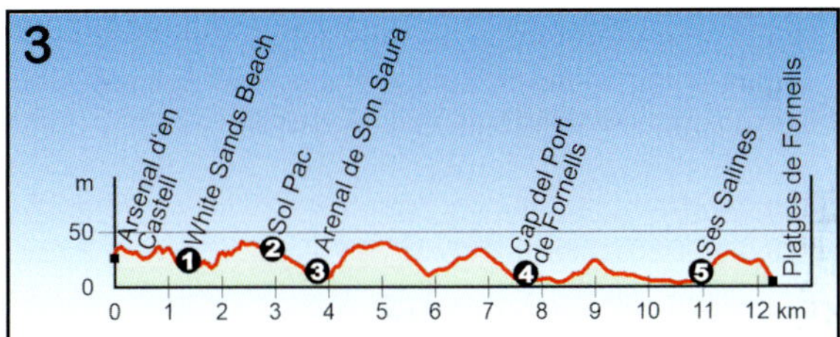

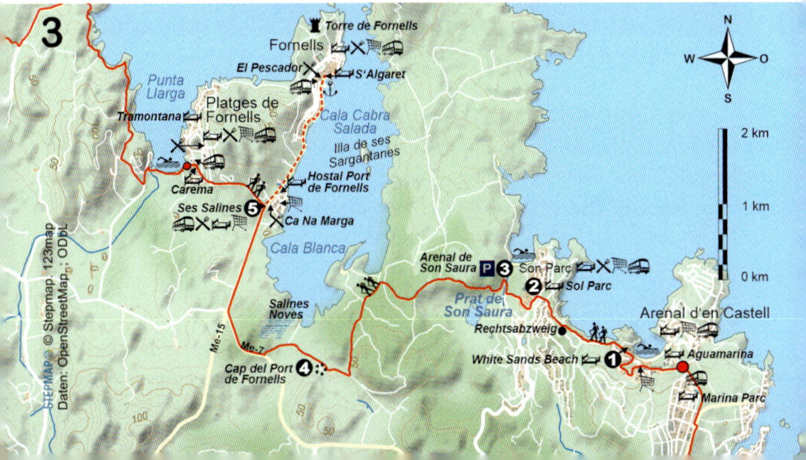

Nach insgesamt 2,4 km auf der Straße erreichen Sie eine links nach Platja de Fornells/Cala Tirant abzweigende Straße (km 11), kurz vor der Häusersiedlung Ses Salines ❺ auf der rechten Seite.

Ses Salines

Hostal Port Fornells, Carrer des Port de Fornells, ☏ 971 37 63 73, www.hostalportfornells.com, DZ ab € 70, kleines, einfaches Hotel bei Ses Salines

Ca Na Marga, Carrer de sa Barrera 24, ☏ 971 37 64 10, www.canamarga.com, oben nahe der Hauptstraße, in der Sommersaison Do-Di 13:00-16:00 und 19:30-23:30

Restaurant Ses Salines, Avinguda d'Es Pujolet, am Hafen mit Meerblick, ☏ 971 37 67 45, in der Sommersaison täglich 12:00-16:00 und 19:30-23:00

Nell's supermercado Ses Salines, Carrer des Pou 3, ☏ 971 15 83 29, in der Hauptsaison täglich 8:00-12:00 und 16:00-20:00

Busverbindung ☞ Fornells

Früher wurde an dieser Stelle Salz gewonnen, heute befinden sich hier eine Häusergruppe sowie eine Surf- und Segelschule.

Salzgewinnung

Im 18. und 19. Jh. begann die Salzgewinnung auf Menorca, indem an gut geeigneten Küstenabschnitten flache Becken angelegt wurden, die mit salzhaltigem Mittelmeerwasser (in der Regel 3,8 % Salzgehalt) geflutet wurden, das dort verdunstete. Das zurückgebliebene Salz war ein wichtiger Rohstoff, vor allem zum Konservieren von Lebensmitteln. Der Salzabbau wurde Ende des 20. Jh. überall auf der Insel eingestellt; heute sind die alten Salinen wichtige Rückzugsgebiete für Wasservögel.

Variante nach Fornells (2 x 1,7 km)

Wenn Sie der Straße geradeaus folgen, erreichen Sie nach 1,7 km das Fischerdorf Fornells. Nach Platja de Fornells gelangen Sie zurück auf demselben Weg, per Linienbus (☞ S. 87) oder alternativ zu Fuß um die Landspitze herum, vorbei am Torre de Fornells (etwa 1 Gehstunde).

Fornells

B&B

S'Algaret, Plaza de S'Algaret 7, 681 22 41 33, DZ ab € 70, zentral am Hafen gelegenes, alteingesessenes Hotel mit Restaurant und Pool, benannt nach einer Seetangart, die hier früher getrocknet wurde

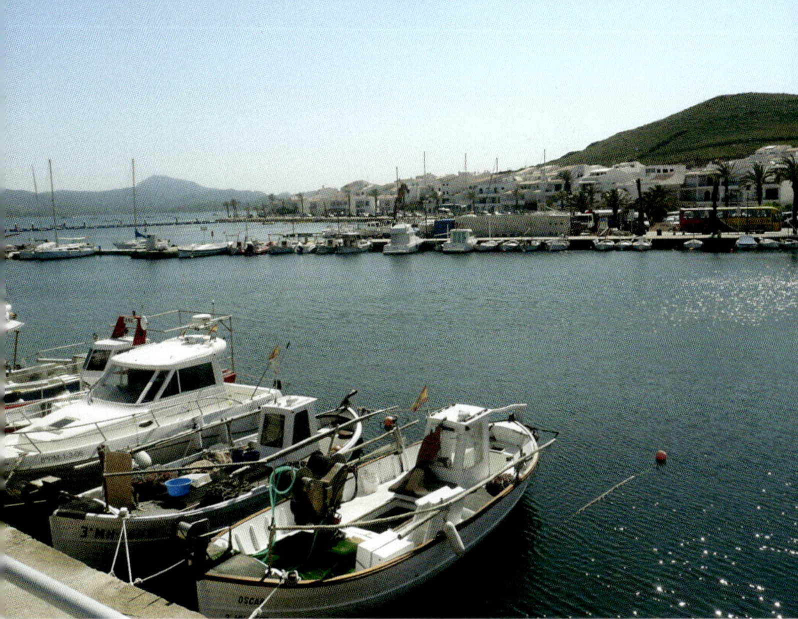

Fornells (ub)

- La Palma, Plaça S'Algaret 3, ☏ 971 37 66 347, www.hostallapalma.com, DZ ab € 70, Gästehaus mit Bar und Pool, Zimmer liegen großteils zum Garten
- Die meisten der rund 10 Restaurants und Bars liegen in Hafennähe, etwa El Pescador, täglich 12:30-0:00.
- Supermercat Fornells, Rosari 26, in der Hauptsaison täglich 9:00-21:00
- Sa Figuera ecològica Fornells, Rosari 2, kleiner Bioladen in Hafennähe mit vielen regionalen Produkten, Mo-Sa 8:00-21:00, So 8:00-14:00
- Do wird in der Sommersaison auf der Carrer de ses Roques ein Markt abgehalten, 9:00-14:00.
- Farmacia Florit Orfila, Calle del Rosario 54, ☏ 971 37 67 52
- Linienbus der Firma Fornells mehrmals täglich u. a. von/nach Maó (€ 3,50), Arenal d'en Castell (€ 2,15) und Es Mercadal (€ 1,65). Die Bushaltestelle liegt oberhalb vom Hafen, nahe dem Restaurant Es Port. ☏ 971 15 43 90, www.autosfornells.com
- Das Taxi von/nach Maó kostet etwa € 35, 699 00 77 90, www.taxismenorca.com.

Fornells (rund 600 Einwohnerinnen und Einwohner) entstand durch die Nähe zum Castell de Sant Antoni aus dem 17. Jh., das 1782 von den Spaniern geschleift wurde. Das Dorf erstreckt sich um den Fischerhafen herum, in dem heute viele Jachten ankern. Angenehm flanieren lässt es sich entlang der palmengesäumten Hafenpromenade sowie über die Fußgängerzone zwischen der Kirche (Sant Antoni von 1790) und dem Plaça S'Algaret. Bei Fischerei hat der Langustenfang Tradition. Der Stückpreis von mehr als € 50 deutet darauf hin, wie selten der Krebs ist. Trotzdem bieten noch viele Restaurants rund um den Hafen die ebenfalls nicht billige Spezialität *Caldereta de llagosta* (Langustentopf) an.

♜ ⌘ Der **Torre de Fornells** ist ein viergeschossiger Wachturm am Ende der Bucht, um 1800 von den Briten erbaut und 200 Jahre später restauriert. Der Einstieg erfolgt im ersten Obergeschoss über eine Leiter, die im Verteidigungsfall entfernt werden konnte. Heute beherbergt der Wachturm ein modernes Museum, das ausführlich die Wachtürme und den Schutz der Küste beleuchtet.

♦ täglich 10:00-16:00, Eintritt € 2,40

Von der Dachterrasse des Wachturms bietet sich ein weiter Blick auf die Küste.

Der Camí de Cavalls folgt links der Straße und führt zur **Cala Tirant** mit der Ferienanlage Platges de Fornells. Kaum vorstellbar: Die idyllische Bucht war 1981 Schauplatz einer Tragödie: Im Norden der heutigen Ferienanlage lief ein Frachter unter panamaischer Flagge auf Grund; die 15 türkischen Matrosen konnten sich retten und wurden in Fornells freundlich aufgenommen, während das Wrack noch am Meeresboden liegt.

Platges de Fornells

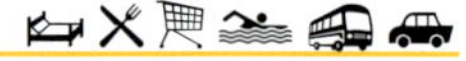

Carema Garden Village und Club Ressort, Carrer de Baix S/N, ☏ 971 37 65 22, www.caremahotels.com, Mai bis Ende September, Appartements ab € 70, minimal 2 Nächte, etwas in die Jahre gekommene 4-Sterne-Anlage nahe dem Strand

♦ Tramontana, Carrer de Dall, ☏ 971 37 67 42, www.comitashotels.com → Tramontana Park, DZ ab € 60, 3-Sterne-Hotelanlage im Norden

✕ Restaurant Es Cactus, Carrer de dalt 1, ☏ 971 37 66 79, www.restauranteescactus.es, in der Touristensaison täglich 12:00-23:00

♦ Café del Nord, Local comercial 5, ☏ 971 37 66 97, www.cafedelnord.com, in der Touristensaison

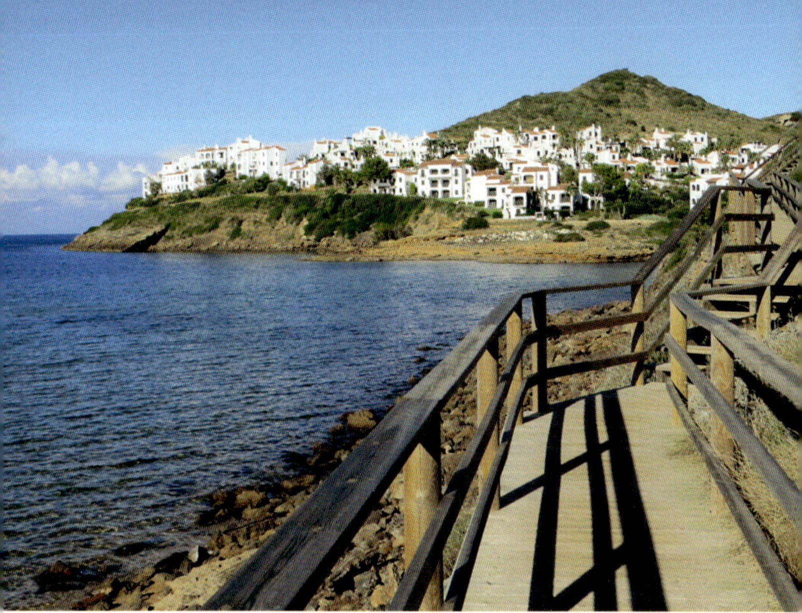

Platges de Fornells (b)

- kleiner Supermarkt Cife, Carrer E 11, in Saison täglich 8:30-20:00
- Linienbus der Firma Fornells in Sommersaison werktags mehrmals täglich von/nach Fornells (€ 1,60), Maó (€ 3,40), Es Mercadal (€ 1,70) und in andere Urlaubsorte im Norden. Bushaltestellen gibt es nahe dem Weststrand am Hotel Carema sowie im Norden nahe dem Hotel Tramontana Park, im Fahrplan angegeben ist Cala Tirant. 971 15 43 90, www.autosfornells.com
- Das Taxi von/nach Maó kostet etwa ab € 33, 699 00 77 90, www.taxismenorca.com.

Die Ferienanlage Platges de Fornells besteht vor allem aus zwei Hotelkomplexen und bietet nette Gärten wie den Parque Tramontana, der in einer Schlucht hinunter zum Meer führt.

An den Ort **Platges de Fornells** schließt sich östlich ein kleiner und zum Westen der gleichnamige, etwa 500 m lange Strand an, der zum Hinterland von Dünen abgegrenzt wird.

4. Etappe: Platges de Fornells – Els Alocs

18,3 km, 5-6 Std., ↑ 710 m, ↓ 710 m, ⇧ 0-118 m

0,0 km	⇧ 2 m	Platges de Fornells
4,7 km	⇧ 2 m	Abzweig Cap de Cavalleria und Sanicera (Variante Cap de Cavalleria)
6,5 km	⇧ 1 m	Platja Cavalleria
9,6 km	⇧ 1 m	Platja de Binimel-là
10,6 km	⇧ 1 m	Cala Pregonda
14,4 km	⇧ 1 m	Cala en Calderer
18,3 km	⇧ 2 m	Els Alocs P (ggf. zzgl. 2,2 km)

Diese Etappe führt Sie entlang besonders schöner und beliebter Strände an der Nordküste, darunter die von Tirant, Cavalleria, Binimel-là und Pregonda. Dabei erleben Sie Dünensysteme, Socarrell-Pflanzen und farbenfrohe Felsen verschiedener Herkunft. Zu Beginn der Etappe haben Sie lange Far de Cavalleria im Blick, den ältesten Leuchtturm der Insel. Kulturhistorischer Höhepunkt sind die Ruinen der römischen Hafenstadt Sanicera, einst eine der drei wichtigsten Römerstädte Menorcas. Endpunkt dieser Etappe ist die Bucht Els Alocs.

Esel in der Cala Tirant (b)

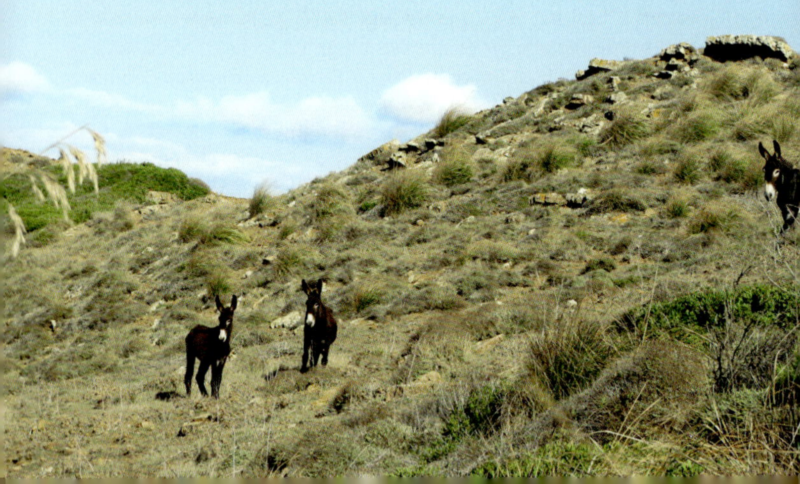

Sie verlassen Platges de Fornells über den namensgebenden Strand an der Cala Tirant ❶ am Westende des Ortes; am Strandende führt eine neue Treppe steil hinauf. Kurz darauf schlängelt sich der Camí de Cavalls kurz durch das Landesinnere, um bald wieder die Küste zu erreichen. Weiter geht es auf dem Küstenweg – mit Blick auf das Cap Cavalleria mit dem gleichnamigen Leuchtturm. Etwa 1 Std. nach dem Anstieg erreichen Sie die Zufahrtsstraße zum Kap (km 4,7).

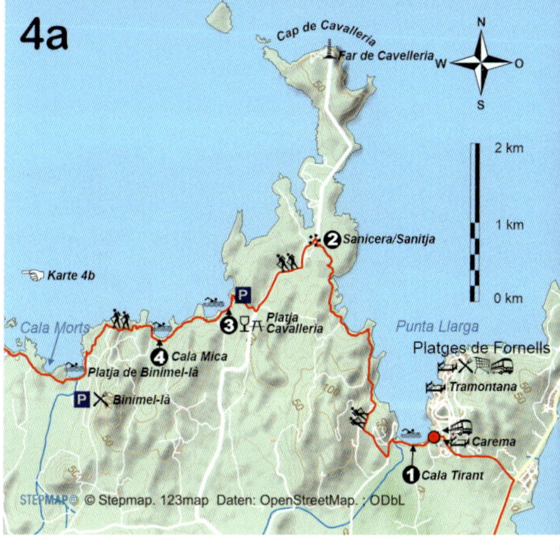

Am **Cap de Cavalleria** erhebt sich der 90 m hohe weiße Leuchtturm **Far de Cavalleria** auf einer Klippe am nördlichsten Punkt Menorcas.

Sie folgen dem Camí de Cavalls links entlang der Zufahrtsstraße in das Landesinnere und passieren zur Rechten die Ruinen der ehemaligen **Römerstadt Sanicera/Sanitja ❷**.

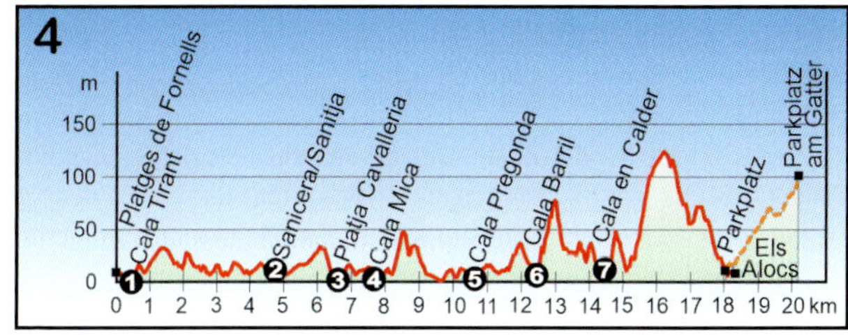

Römerinnen und Römer auf Menorca

Die Römerstadt Sanicera (katalanisch *Sanitja*) war eine bedeutende Handels-/Hafenstadt, neben Iamo (Ciutadella) und Mago (Maó) die dritte bedeutende Stadt der Römer auf Menorca, wie von Plinius dem Älteren erwähnt.

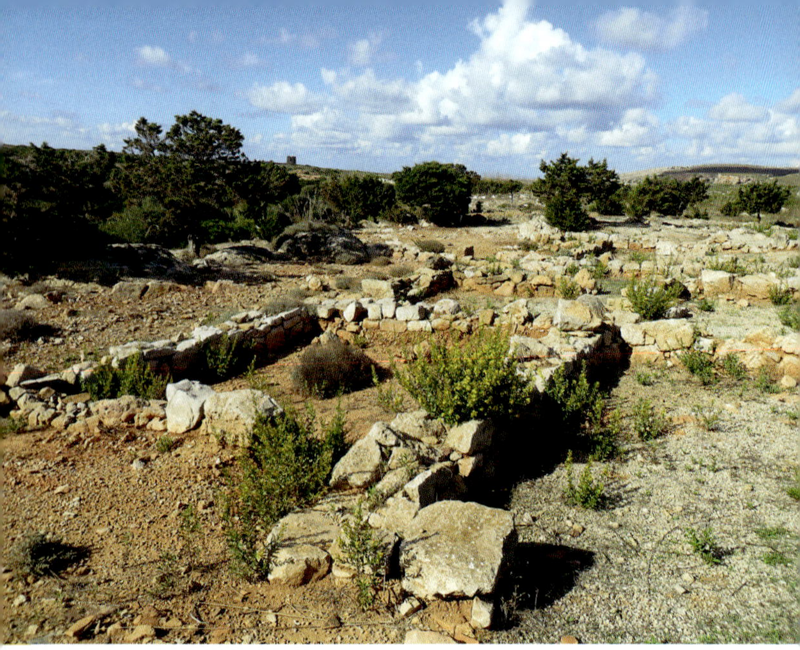

Sanicera – die Römerstadt mit Torre im Hintergrund (b)

Seit 1979 förderten Ausgrabungen u. a. Hafenanlagen, Grabstätten und ein Militärlager zutage – insgesamt mehr als 100 Ruinen von Wohngebäuden und 50 von Grabstätten. In Sanicera lebten römische Soldaten und talaiotische Ureinwohnerinnen und Ureinwohner nebeneinander bzw. Letztere wurden als Söldner rekrutiert.

Nach 20 Min. auf der Zufahrtsstraße erreichen Sie den großen Parkplatz zum Platja Cavalleria (km 6). Dort halten Sie sich rechts und folgen dem Zugang zum Strand. Kurz nach einem Tisch und Bänken mit schöner Sicht auf den Platja Cavalleria geht es hinunter zum Strand (km 6,5).

Der **Platja Cavalleria ❸** besteht aus zwei Sandstränden, die sich muschelförmig zum Meer öffnen – getrennt von rötlichen Felsen. Der Sand ist grobkörnig und aufgrund oxidierten Eisens rötlich gefärbt.

Rastplatz und WC-Häuschen sowie Strandbar, in der Hauptsaison täglich ab 12:00

Die Dünen hinter dem Strand wurden früher durch Mineralienabbau und sehr viele Badegäste beschädigt. Ersterer wurde gestoppt, Letzteres durch Rückverlegung des Parkplatzes (10 Gehminuten vom Strand) eingeschränkt.

Nach Querung des Strandes führt der Camí de Cavalls weiter westwärts oberhalb der Küste vorbei an dem kleinen Strand **Cala Mica ❹** (km 7,7) und weiter zum nächsten größeren Strand (km 9,6) **Platja de Binimel-là**.

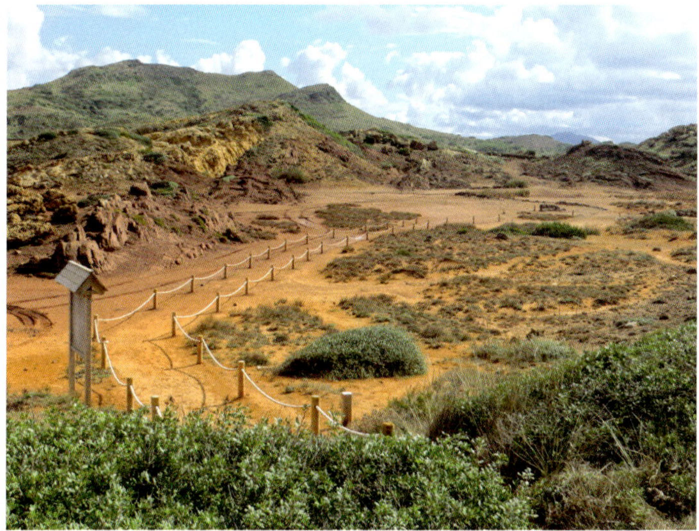

Farbenvielfalt zwischen Platja Cavalleria und Cala Pregonda (b)

Platja de Binimel-là ist einer der wenigen Strände an der Nordküste, die gut erreichbar und entsprechend voll sind. Der Strand selbst besteht aus eher grobem Sand und kleinen Kieselsteinen. Hinter der Bucht liegen der große Parkplatz sowie Dünen.

Restaurant am Parkplatz oberhalb vom Strand, in der Saison täglich 10:00-20:00

Auch hier führt der Camí de Cavalls am westlichen Strandende wieder etwas hinauf und weiter westwärts, nach 5 Min. über den steinigen Strand Cala Morts (km 10,1). Die folgende Bucht, Cala Pregonda ❺ (km 10,6), offenbart sich schon beim Hinabsteigen von ihrer schönsten Seite.

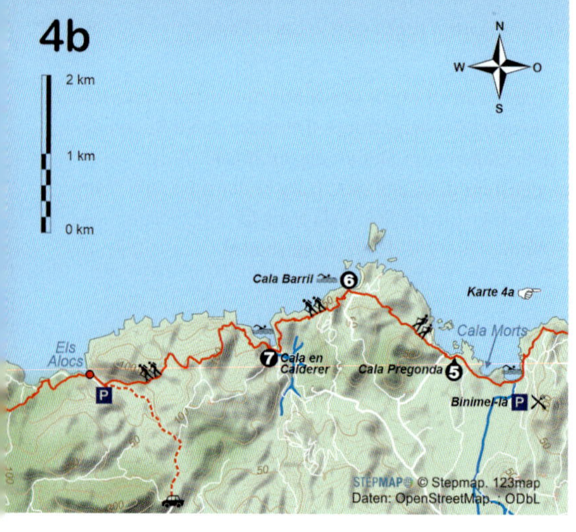

Die Bucht **Cala Pregonda** ist bekannt und fotogen durch den Sandstrand mit gelblichen Tönen. Nicht umsonst diente der Strand 1978 als stilisierter Hintergrund für das Plattencover von Mike Oldfields „Incantations" – auch wenn manche Quellen (fälschlich) Cala Galdana dafür angeben. An dieser ansonsten einsamen Bucht ohne besondere Service-Einrichtungen stehen einige Häuser direkt am Meer. Der nächste Parkplatz – beim Platja de Binimel-là – ist etwa 20 Gehminuten entfernt.

Der Camí de Cavalls führt vorbei an der **Cala Barril** ❻ (km 12,4) auf einer vorgeschobenen Halbinsel, einer kleinen Bucht mit Naturstrand aus grobem Sand und Kieselsteinen. Oberhalb der Küste folgen Sie dem Camí de Cavalls zur **Cala en Calderer** ❼ (km 14,4) mit zwei Hütten und einem ursprünglichen Sandstrand in felsiger Umgebung.

Die Etappe endet in der Bucht von **Els Alocs**, einer Bucht mit Kieselsteinen auf Sand, die ihren Namen dem hier wachsenden Mönchspfeffer verdankt.

P 70 m landeinwärts liegt ein Parkplatz, wo man sich abholen lassen kann. Dieser ist allerdings nur mit geländegängigen Fahrzeugen erreichbar. Die Piste ist erst nach rund 2,2 km landeinwärts gut befahrbar, wo sich ein (nach Leserberichten gelegentlich verschlossenes) Gatter befindet. Bis dorthin fahren in der Regel auch Taxis. Sie können sich auch vom Parkplatz nahe der Cala Pilar abholen lassen, 3 km nach dem Startpunkt der nächsten Etappe (☞ 5. Etappe).

Els Alocs – Mönchspfeffer

Der Mönchspfeffer (*Vitex agnus-castus*) ist ein bis zu 4 m hoher Strauch, der zur Familie der Lippenblütler gehört und etwas dem Hanf ähnelt. Wegen seiner angeblich abmildernden Wirkung auf den Geschlechtstrieb wird er auch „Keuschbaum" genannt. Im Mittelalter wurde Mönchspfeffer auch in Klöstern angepflanzt. Dazu schreibt Wikipedia: „Die Mönche konnten die scharf schmeckenden Samen als Gewürz für ihre Speisen nehmen und hatten einen willkommenen Nebeneffekt."

5. Etappe: Els Alocs – Cala Morell

14,4 km, 4-5 Std., 400 m, 340 m, 0-79 m

0,0 km	2 m	Els Alocs (ggf. zzgl. 2,2 km)
0,9 km	15 m	Cala Pilar
2,6 km	2 m	Macar d'Alfurinet
9,3 km	5 m	Cala d'Algaiarens
10,8 km	2 m	Cala des Fontanelles
14,4 km	60 m	Cala Morell (**B&B**)

Sie passieren Cala Pilar und folgen kurz darauf dem Camí de Cavalls landeinwärts südlich am 206 m aufragenden Berg Falconera vorbei. Dabei wandern Sie großteils durch Steineichenwald sowie Macchia-Vegetation, ehe es auf Wirtschaftswegen über viele offene (Weide-)Flächen geht, wo Ihnen aufgelassene Olivenhaine begegnen.

An der Cala d'Algaiarens lohnt sich ein Stopp: Zwei Strände liegen hier, an einen (Platja Tancats) grenzt ein Feuchtgebiet mit Sumpfschildkrötenvorkommen an. Weiter geht es großteils auf einem Pfad neben einer Steinmauer, durch deutlich niedrigere Vegetation zum Zielort Cala Morell, bekannt für seine prähistorische Höhlensiedlung. Badegelegenheiten gibt es an der Cala Pilar und der Cala d'Algaiarens.

Der Camí de Cavalls führt von der Bucht Els Alocs vorbei an einigen sehr kleinen Buchten bzw. Stränden zur Cala Pilar (km 0,9).

Der gelbliche Sandstrand der **Cala Pilar** ❶ (S. 2 bis 3) liegt zwischen rötlichem, durch Eisen oxidiertem Boden sowie anthrazitgrauem Schiefergestein. Dahinter befindet sich ein großes Dünensystem, das sich bis zum Parkplatz bei Alfurinet erstreckt. Der Strand ist beliebt, aber selten überlaufen, weil der nächste Parkplatz rund 30 Gehminuten entfernt ist.

Nach der Cala Pilar geht es aufwärts. Oben bei dem Holzgeländer bietet sich ein schöner Blick auf die Küste.

Nach 100 m lockt links im Schatten ein Picknickplatz mit Tischen und Bänken (km 1,5).

Variante zum Parkplatz bei Cala Pilar (➲ 1,5 km)

Kurz hinter der Cala Pilar zweigt beim Rastplatz mit Tischen links ein Weg in das Landesinnere ab, der nach gut 30 Min. Fußmarsch auf angenehmem Weg durch Wald mit Steineichen und wilden Oliven einen Parkplatz erreicht, wo Sie sich von einem Taxi abholen lassen können (nach Maó etwa 40 km).

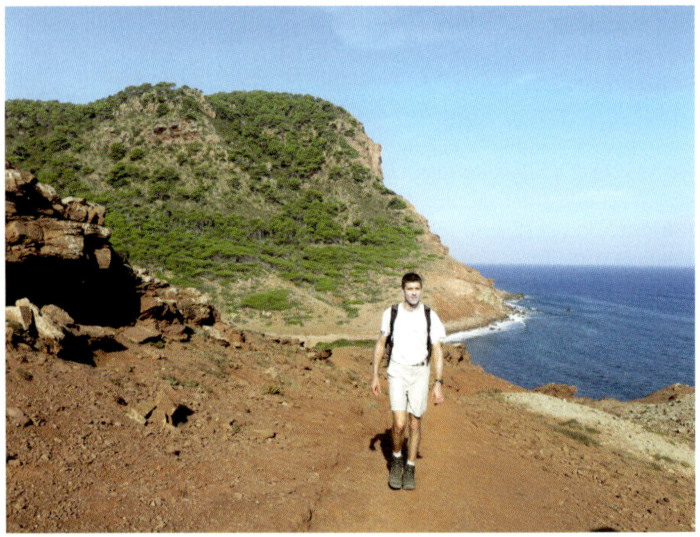

Macar d'Alfurinet und Muntanya Mala (b)

Weiter geht es rechts durch ein Holzgatter und über privates Jagdgebiet. Bei dem folgenden Abstieg erhebt sich vor Ihnen der kiefernbestandene Muntanya Mala, wörtlich „schlechter Berg". Nach dem Abstieg passieren Sie die Bucht **Macar d'Alfurinet ❷** mit einem Steinstrand (km 2,4). Auf der anderen Seite der Bucht geht es leicht aufwärts (Schild: „Algaiarens 6,8 km") und auf dem Weg

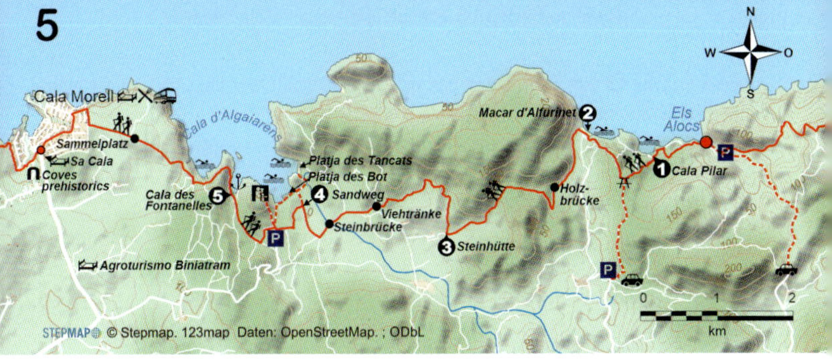

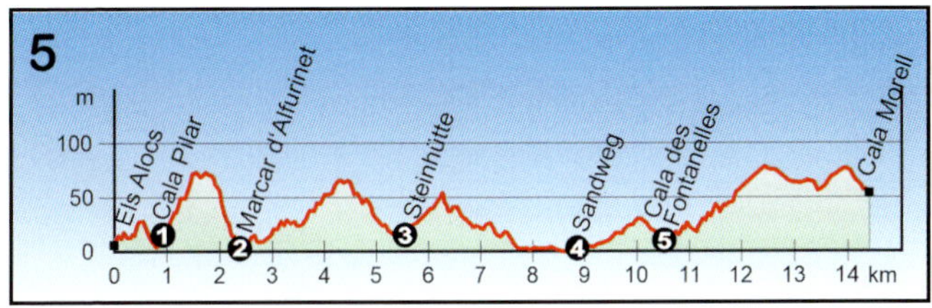

durch die Linkskurve Richtung Landesinnere. Nach 20 Min. führt der Camí de Cavalls auf einer Holzbrücke über ein Bachbett (km 3,4) und nach 5 Min. durch eine scharfe Rechtskurve, ehe es durch Wald stetig aufwärtsgeht. Nach 10 Min. ist der höchste Punkt des Abschnitts erreicht und Sie folgen dem Camí de Cavalls geradeaus abwärts durch Wald und nach 200 m über eine Wiese. Weiter geht es abwechselnd durch lichten (Kiefern-)Wald und über Wiesen bzw. Wirtschaftswege.

Eine gute halbe Stunde (km 5,5) nach der Holzbrücke erreichen Sie eine Kreuzung auf einem Weidegelände mit einer typischen Steinhütte ❸ für Weidewirtschaft rechts oberhalb. Sie halten sich rechts und folgen dem Camí de Cavalls auf einem Spurweg geradeaus (Schild: „Algaiarens 3,8 km"), zunächst über Wiesen und durch Kiefernwälder, die nach knapp 30 Min. zunehmend wilden Oliven weichen, von denen viele malerisch mit Flechten bewachsen sind. Bei einer Viehtränke (km 7,4) zwischen Oliven wandern Sie geradeaus. 10 Min. nach der Viehtränke führt der Camí de Cavalls über eine alte Steinbrücke mit einem Feigenbaum dahinter. Hier gehen Sie geradeaus, um nach 200 m hinter einem Gatter rechts auf den Spurweg einzuschwenken (Schild: „Algaiarens 0,9 km"). Nach 5 Min. stoßen Sie vor einem Kiefernwäldchen und kurz vor der Cala d'Algaiarens auf einen Sandweg ❹ (km 8,8). Der Camí de Cavalls zweigt hier links ab, sodass man nicht einmal den bekannten Strand sehen würde. Ich rate daher zu folgender Variante zu den Stränden der Cala d'Algaiarens, die nur unwesentlich länger ist:

Variante zu Stränd der Cala d'Algaiarens

(➲ etwa 250 bis 700 m länger)

Bei der T-Kreuzung gehen Sie rechts, Richtung Platja des Tancats. Nach 200 m erreichen Sie den beliebten und wegen des nahen Parkplatzes auch gut frequentierten Strand.

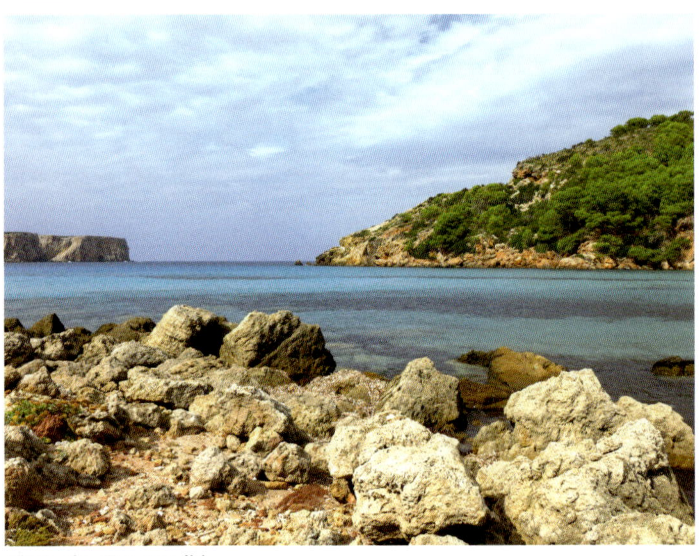

Platja des Tancats (b)

Die **Cala d'Algaiarens** ist eine Bucht mit zwei beliebten feinsandigen Stränden und dahinter Dünen bzw. Kiefernwald sowie ein Feuchtgebiet. Im Westen liegt der stärker frequentierte, 150 m lange **Platja des Tancats**. Einsamer ist der idyllisch gelegene Strand **Platja des Bot** 200 m weiter rechts (östlich), der rechts auf einem kleinen Sandpfad hinter dem Metallgatter durch das Wäldchen zu erreichen ist. Nach wenigen Minuten passieren Sie auf dem Weg zur Rechten einen Strandsee, wo Sumpfschildkröten leben. Kurz darauf erreichen Sie den in einer Bucht liegenden Platja des Bot mit einigen Dünen dahinter, wegen seiner abgeschiedenen Lage als FKK-Revier genutzt. Zurück zur Platja des Tancats geht es wie gekommen.

Um wieder zum Camí de Cavalls zu gelangen, gehen Sie links über den Hauptstrand (bzw. rechts, wenn Sie vom Platja des Bot kommen). Nach 200 m führen am anderen (westlichen) Ende Betonstufen aufwärts. Nach 150 m ist der Parkplatz erreicht, über den der Camí de Cavalls verläuft. Hier halten Sie sich rechts und queren den Parkplatz in seiner vollen Länge.

10 Min. nach der T-Kreuzung erreichen Sie Infotafeln und dahinter den ummauerten Parkplatz vom Strand Algaiarens mit einem Toilettenhäuschen (km 9,4). Diesen queren Sie in voller Länge und gehen an seinem (westlichen) Ende links.

Variante zum Aussichtspunkt (➲ 2 x 500 m)

Vom Parkplatz führt ein schmaler Pfad zu einem schönen Aussichtspunkt, wo sich die ganze Cala d'Algaiarens überblicken lässt. Dazu gehen Sie rechts über den Parkplatz und dahinter halb links auf dem Pfad leicht aufwärts (Schild mit mehrsprachigen Hinweisen, u. a. Mirador/Aussichtspunkt). Nach 100 m halten Sie sich bei der Gabelung rechts und folgen dem Pfad bis zum Ende zum schönen Aussichtspunkt über die Cala d'Algaiarens. Zurück gehen Sie wie auf dem Hinweg zum Parkplatz.

15 Min. nach dem Parkplatz führt Sie der Camí de Cavalls durch ein privates Jagdrevier (*coto privado de caza*) und kurz darauf zu einem kleinen Hafen in der steinigen **Cala des Fontanelles ❺** (km 10,5). Sie passieren den kleinen Hafen mit Infotafeln und Rampen für Boote und wandern weiter links an der Küste entlang, zu Beginn spektakulär durch Felsen und direkt an Häusern vorbei bzw. fast über deren Terrassen. Der Weg entfernt sich bald von der Küste und führt rechts neben einer Steinmauer geradeaus nordwestwärts über eine Hochfläche mit strauchartiger Vegetation, vorbei an einem alten steinernen Sammelplatz für Weidetiere mit Trog. 1 Std. nach dem Hafen erreichen Sie Cala Morell mit seinen weißen Häusern (km 13,4). Beim Parkplatz am Ortsrand oberhalb der Küste passieren Sie links ein Holzgatter und folgen dann den Straßen durch die Feriensiedlung mit ihren astronomischen Straßennamen.

Cala Morell (B&B)

Apartamentos Sa Cala, Via Lactia, 971 38 32 33 oder 971 38 12 87, www.calamorell.net, DZ ab € 80, in Saison mindestens 3 Nächte, Mai bis Oktober, Urlaubsanlage mit Appartements am Westrand von Cala Morell

(B&B) Agroturismo Biniatram, Carretera Cala Morell, 971 38 31 13, www.biniatram.com, DZ ab € 65, Landgut mit Zimmer, Pool und Garten, 1,5 km südlich von Cala Morell an der Zufahrtsstraße, 2022 wegen Renovierungsarbeiten und Besitzerwechsel geschlossen, Zukunft ungewiss

Enricana, C/Andromeda 32, 642 85 29 78, www.enricanamenorca.com, täglich außer Mi ab 19:00, japanisches Restaurant mit Dachterrasse und Blick auf die Bucht

Busverbindungen in der Touristensaison von/nach Ciutadella mit der Linie 62 (€ 2), 3x täglich, 902 07 50 66, www.bus.e-torres.net

Radio Taxi, 699 00 77 90, info@taxismenorca.com, www.taxismenorca.com. Die Fahrt nach Ciutadella kostet etwa ab € 18.

Cala Morell ist eine reine Urlaubssiedlung – überwiegend mit (privaten) Ferienhäusern bzw. Villen der gehobenen Kategorie. Entsprechend leer ist es hier außerhalb der Saison. Geradezu außerirdisch muten die astronomischen Straßennamen an, z. B. Via Lactea (Milchstraße) oder Carrer Orion. Die Ferienhäuser sind inseltypisch gänzlich weiß gekalkt – inklusive der Dachziegel. Der Ort liegt oberhalb der gleichnamigen Bucht, die mit ihrem klaren Wasser als Schnorchelrevier geschätzt wird. Cala Morell ist nicht nur ein Eldorado für Taucherinnen und Taucher, sondern auch für Archäologie- und Geologieinteressierte. Geologisch spektakulär sind in Cala Morell die Gesteinsschichten, denn hier endet bzw. beginnt die Gesteinsgrenze, die Menorca in zwei geologische Hälften teilt: *Migjorn* und *Tramuntana* (☞ Geologie, S. 13).

Unten an der Küste gibt es eine felsige Bucht mit kleinem Strand – beliebt bei Taucherinnen und Tauchern.

Landeinwärts liegen die **Coves prehistorics** – vorgeschichtliche Begräbnishöhlen. Diese 14 jeweils bis zu 160 m² großen Höhlen wurden vor etwa 3.500 Jahren als Begräbnisstätten und zu Wohnzwecken genutzt – bis in das 2. Jh. n. Chr. hinein. Die Höhlen im Kalkstein sind großteils natürlichen Ursprungs, aber es sind auch Spuren der Bearbeitung zu finden. Die Höhlen erreichen Sie über einen Pfad durch die Felsen von der Straße aus (Infotafeln), ganzjährig, Eintritt frei.

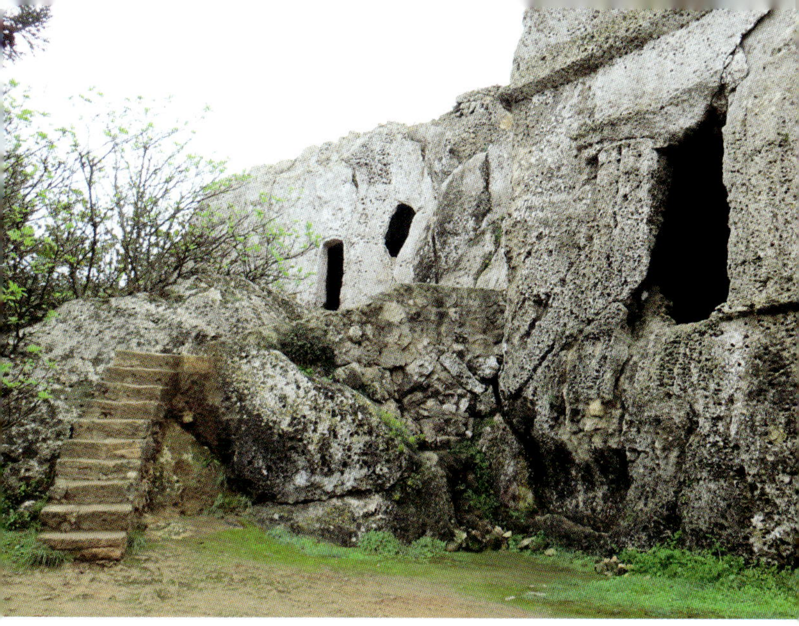

Die Höhlensiedlung von Cala Morell (b)

6. Etappe: Cala Morell – Ciutadella

➲ 18,6 km, ⌛ 5-6 Std., ↑ 330 m, ↓ 370 m, ⇧ 0-105 m, optional bis Cales Piques/Cala en Blanes 15 km

0,0 km	⇧ 60 m	Cala Morell (**B&B**)
7,5 km	⇧ 35 m	Abzweig Punta Nati
11,3 km	⇧ 60 m	Sa Falconera
14,1 km	⇧ 20 m	Cales Piques
15,0 km	⇧ 20 m	Cala en Blanes
18,6 km	⇧ 20 m	Ciutadella **B&B**

Diese eindrucksvolle Etappe führt Sie entlang der Küste über eine felsige Hochebene im Nordwesten der Insel, deren sehr spärliche Vegetation vom Wind geprägt ist. Es erwarten Sie vor allem Steine, teilweise aufgetürmt zu Trockenmauern und Hütten für das Vieh, und nur wenig Windschutz, dafür aber freie

Sicht auf die felsige Küste. Sie wandern überwiegend auf felsigem Plateau, das nur selten von mäßig tiefen Tälern durchschnitten wird. Zu den wenigen Auflockerungen im ersten Teil der Tour gehören Punta Nati mit dem weithin sichtbaren Leuchtturm sowie das markante Felsentor Pont d'en Gil. Bei Cales Piques erreichen Sie wieder die Zivilisation und durchqueren die weit gestreckte Urlaubssiedlung auf Asphaltstraßen. Den letzten Abschnitt nach Ciutadella wandern Sie auf einer (betonierten) Küstenpromenade, die überwiegend Fußgängerinnen und Fußgängern sowie Radfahrerinnen und Radfahrern vorbehalten ist. Badegelegenheiten gibt es am Start und Ziel sowie in Cala en Blanes.

In Cala Morell geht es auf der Straße rechts an den vorgeschichtlichen Höhlen vorbei und danach links die Straße aufwärts. 150 m nach den Höhlen folgen Sie dem Camí de Cavalls in einer Rechtskurve der Straße und bei Infotafeln links durch ein Gatter (Schild: „Punta Nati 7,0 km"). Von nun an folgen Sie dem Pfad zunächst nord- und später westwärts, anfangs teilweise neben einer Steinmauer. Der Weg wendet sich nach 10 Min. bei einem Aussichtspunkt nach links Richtung Inselinneres und passiert nach 5 Min. das erste Steinhaus ❶.

Barracas – Steinhäuser

Bei dieser Etappe begegnen Ihnen mehrfach die charakteristischen, in Trockenbauweise errichteten Steinhäuser, die früher dem Vieh als Unterschlupf dienten, genannt *barracas*. Der Grundriss ist meistens rund, manchmal auch quadratisch. Die größeren *barracas*, nördlich von Ciutadella, sind bis zu 10 m hoch und wurden großteils um 1900 erbaut. Kleinere sollen bis auf die Vorgeschichte zurückgehen.

Etwa 1 Std. 30 Min. nach Cala Morell queren Sie ein Tal (km 5). Rund 700 m danach, kurz vor der Küste und vor einem Steinhaus (km 5,7), folgen Sie dem Pfad links. Hinter dem Steinhaus befindet sich eine tiefe Zisterne ❷. Der Camí de Cavalls passiert kurz darauf rechts an der Küste ein deutliches Steinkreuz, das an den Untergang des französischen Linienschiffes General Chanzy erinnert (☞ Infokasten zum Leuchtturm Punta Nati). Nach rund 10 Min. säumen flach wachsende Kapernsträucher den Weg.

2 Std. nach Cala Morell (km 7,5) kreuzen Sie die Zufahrtsstraße zum Leuchtfeuer bei Punta Nati ❸, ↳ das auf der Straße rechts nach 600 m zu erreichen ist. Hinter dem Leuchtturm befinden sich Reste von Verteidigungsanlagen aus dem Spanischen Bürgerkrieg.

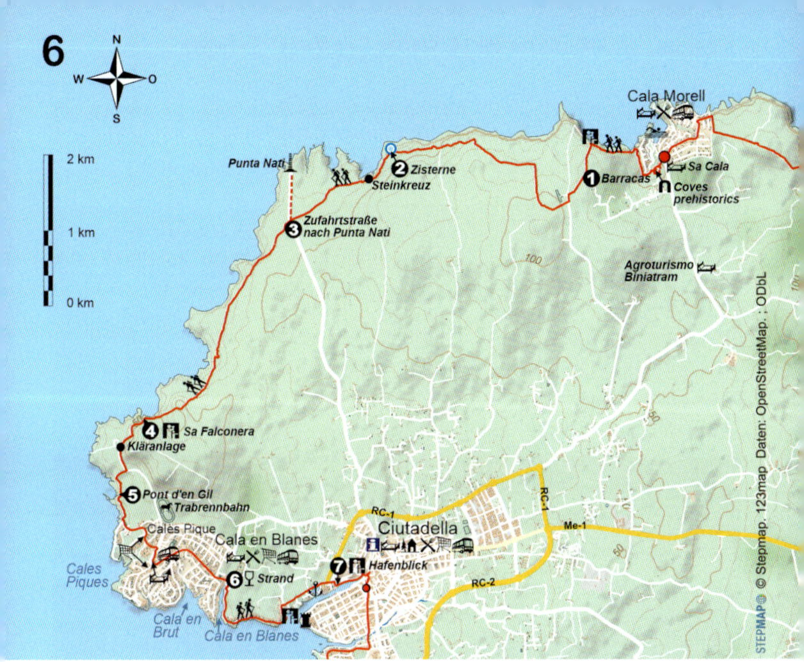

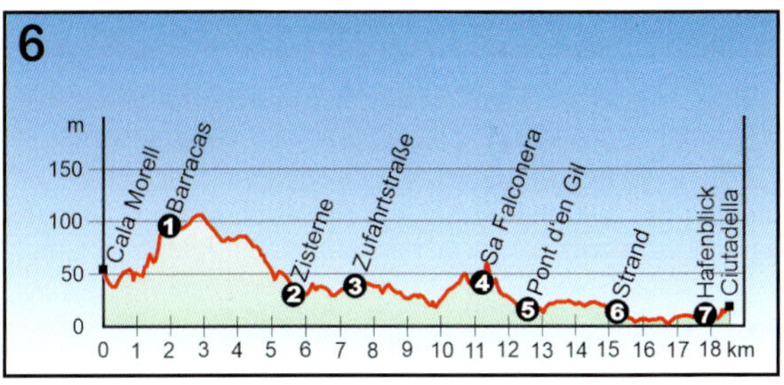

Leuchtturm Punta Nati in der „Bucht der Toten“

Warum an diesem Punkt ein Leuchtturm gebaut wurde, erklärt sich aus folgendem Schiffsunglück im Jahr 1910: Der französische Dampfer General Chanzy geriet auf dem Weg zwischen Marseille und Algier in Seenot. Von den 159 Personen auf dem Schiff überlebte nur einer: ein französischer Junge, der die Menorquinerinnen und Menorquiner mit einer Notiz auf einem Zettel über das Unglück informierte: „100 morts" (100 Tote). Seitdem heißt diese Steilküste mit den vielen spitzen Felsen Cala des Morts, „Bucht der Toten". Kurz nach dem Unglück wurde der Leuchtturm an der Punta Nati erbaut und 1913 eingeweiht.

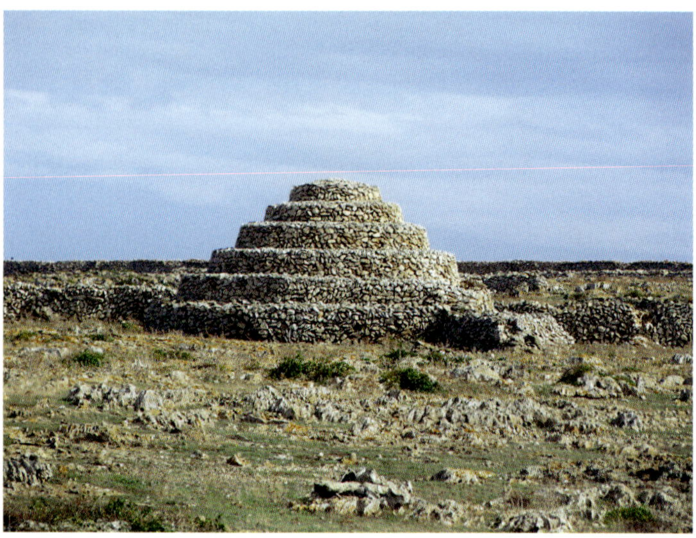

Steinhütten bei Punta Nati (b)

Der Camí de Cavalls quert die Zufahrtsstraße zum Leuchtturm und führt weiter über das karge Felsplateau. Für Abwechslung sorgen wie gewohnt Steinmauern und -hütten sowie einige Täler und flache Kapernbüsche.

Nach 1 Std. erreichen Sie nach kurzem Anstieg die Anhöhe **Sa Falconera ❹** (km 11,3), wo Sie eine falkengleiche Aussicht auf die Felsküste und hinüber nach Mallorca genießen.

Nach kurzem Abstieg stoßen Sie auf Spuren der Zivilisation: ein Klärwerk. Nach 5 Min. auf der Zufahrtsstraße folgen Sie dem Camí de Cavalls rechts auf einem Pfad auf die Küste zu, wo Sie nach 5 Min. ein spektakuläres Felstor an der Küste erwartet: **Pont d'en Gil ❺**, in Jahrtausenden von der Meeresbrandung modelliert.

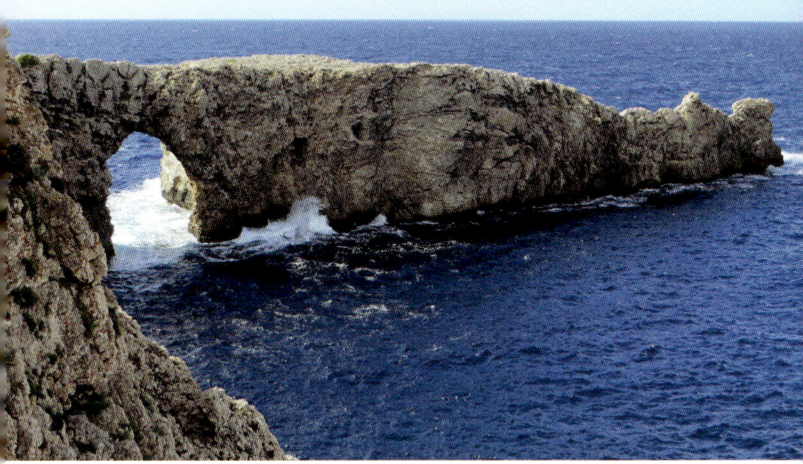

Pont d'en Gil (b)

Nach weiteren 5 Min. empfängt Sie die weit gestreckte Urlaubssiedlung Cales Pique, die mit Cala en Blanes zusammengewachsen ist. Es folgt, sich leicht links haltend, ein 2,5 km langer Abschnitt auf asphaltiertem Weg (zunächst Avinguda Pont den Gil Los Delfines) durch diese Siedlung. Nach 700 m halten Sie sich bei einer T-Kreuzung rechts (Avinguda Cales Piques) und passieren mehrere Einkaufs- und Einkehrgelegenheiten. An manchen Läden ist zu erkennen, dass Britinnen und Briten hier eine wichtige Zielgruppe darstellen – so hat der britische Supermarktkonzern Asda hier eine Filiale. Der Camí de Cavalls ist – wie meistens in Siedlungen – rot-weiß markiert, oft als Streifen auf Laternenpfählen. Beim großen Kreisverkehr folgen Sie der Hauptstraße links. Die Ortsmitte von Cala en Blanes befindet sich etwa bei dem großen blauen Bogen (Arc Delfines); kurz davor und dahinter liegen Bushaltestellen.

Cales Piques & Cala en Blanes

- Globales Los Delfines Hotel, Passeig Marítim Los Delfines, ☏ 971 38 81 50, www.hotelesglobales.com/de/ → Globales Los Delfines, DZ mit HP ab etwa € 75 pro Nacht bei Mindestaufenthalt von 4 Nächten, 4-Sterne-Hotel
- Apartamentos California, C/Simon de Olivar 7, 657 47 37 82, www.apcalifornia.es, Appartements ab € 60 pro Nacht bei mindestens 3 Nächten, 300 m vom Strand entfernt

Apartamentos Sol y Mar, Avenida los Delfines 0, 971 38 48 32, www.menorcasolymar.com, Appartement ab € 100, bei längeren Aufenthalten deutlich günstiger, im Ortszentrum

mehrere Supermärkte im Ort, etwa Supermercado Los Delfines am zentralen Kreisverkehr, Avenida los Delfines, 971 38 80 36, in der Touristensaison täglich 9:00-22:00, oder Supermarket IFA Cales Piques am Ortseingang, Avinguda Pont d'en Gil Los Delfines 321, 971 38 81 38, in der Saison täglich 8:30-21:30

Farmacia Díez De Juan Sánchez, Carrer des Canal, 971 38 86 20, in der Touristensaison Mo-Fr 9:30-13:30 und 17:00-20:00, Sa 9:30-13:30

Buslinie 61 von/nach Ciutadella (Tarif: € 1,70). Bushaltestellen sind z. B. „Arco Los Delfines" 100 m vor dem blauen Bogen und die Strände Cala Blanes und Cala Forcat. In Nebensaison Mo-Sa stündlich mit mittaglicher Pause, im Sommer etwa halbstündlich, 902 07 50 66, www.bus.e-torres.net

Radio Taxi, 699 00 77 90, taxi@taxismenorca.com, www.taxismenorca.com. Die Fahrt nach Ciutadella kostet etwa € 12.

Cales Piques und etwas südöstlich davon Cala en Blanes bilden eine zusammengewachsene Urlaubssiedlung nordwestlich von Ciutadella mit kleinen Buchten. Die Siedlung gehört nicht zu den Glanzpunkten der Insel.

Von Cala en Blanes sind es noch 3 km nach Ciutadella, und zwar fast ausschließlich über Straßen, aber diese sind wenig befahren. Vor allem die Küstenstraße nach Ciutadella ist eigentlich eher eine Uferpromenade. Am südöstlichen Ende der Hauptstraße von Cala en Blanes (km 15,1) folgen Sie bei der Kreuzung geradeaus dem für Verkehr gesperrten Zufahrtsweg abwärts zum Strand.

Cala en Blanes bietet im Süden einen kleinen, in der Regel gut besuchten Strand ❻ mit Bar. Sie passieren diesen Strand, wenn Sie dem Camí de Cavalls nach Ciutadella folgen.

Am Ende von diesem (nach 150 m) gehen Sie rechts, bei hohem Wasserstand über die Terrasse der Strandbar. Der Küstenpfad führt weiter hinauf zur promenadenartigen Küstenstraße, der Sie rechts in großem Bogen Richtung Ciutadella folgen (Ciutadella 2,5 km) – mit Blick auf Ciutadella und die Küste südlich davon. Es gibt nur eine Fahrspur für Autos sowie zusätzlich eine für Räder und eine für Fußgängerinnen und Fußgänger.

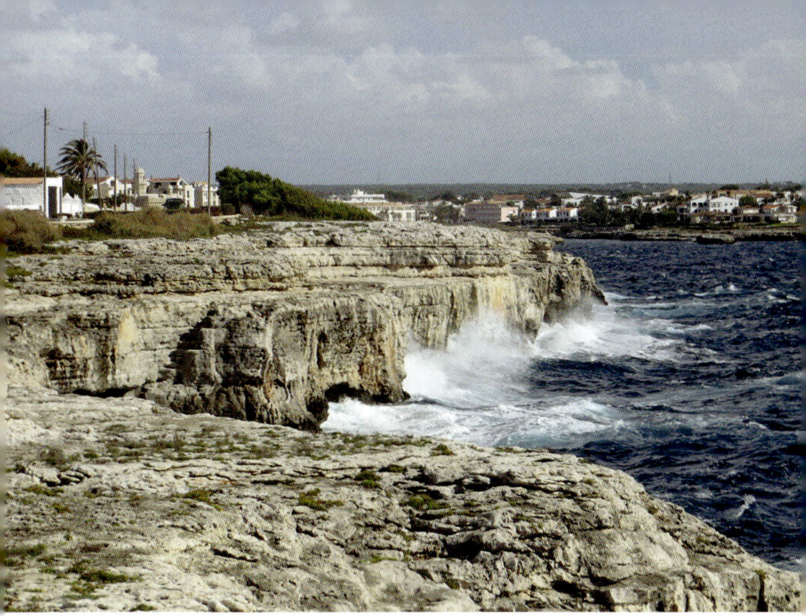

Brandung zwischen Cala en Blanes und Ciutadella (b)

am Ortsanfang in Linkskurve der Straße (km 16,7) kleiner Platz mit Bänken und schönem Blick auf die Hafeneinfahrt von Ciutadella

In Ciutadella folgen Sie der Straße bzw. dem Camí de Cavalls zunächst oberhalb vom Jachthafen und biegen 200 m nach dessen Ende hinter dem Haus mit der Nr. 9 nach rechts (Verkehrsverbotsschild) – anders als die offizielle Wegführung des Camí de Cavalls, der über größere Straßen landeinwärts in einem Bogen nach Ciutadella führt. Die kleine Straße schwingt links abwärts vorbei an einer Aussichtsplattform über den Hafen ❼ und führt Sie direkt am Hafen entlang, unterhalb einer Mauer. Nach 400 m queren Sie rechts das Hafenbecken über eine Fußgängerbrücke. Auf der anderen Seite geht es links und aufwärts in einer scharfen Rechtskurve in die Altstadt von Ciutadella.

Ciutadella

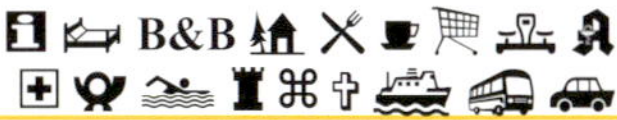

Oficina de Turisme del Consel Insular, Plaça des Born, ☏ 971 383 724, infomenorcaciutadella@menorca.es, Mo-Fr 9:00-20:30, Sa 9:00-15:30

Patricia, Passeig de Sant Nicolau 90-92, ☏ 971 38 55 11, www.hotelmenorcapatricia.com, ganzjährig, DZ ab € 75, gehobenes Hotel mit 44 Zimmern am Hafen, mit Pool im Innenhof

♦ Hotel Port Ciutadella, Passeig Marítim 36, ☏ 971 48 25 20, www.sethotels.com → Port Ciutadella, DZ ab € 135, modernes und helles 4-Sterne-Hotel mit 94 Zimmern an einem Meeresarm, 500 m vom Zentrum entfernt. Im Innenhof befindet sich ein Pool, unten ein Wellness-Bereich und ein Essraum. Sehr große Zimmer; allein der Gepäckabstellraum ist größer als manches Einzelzimmer anderer Hotels!

♦ Platja Gran, Carrer del Bisbe Juano 2, ☏ 971 38 24 45, www.grupoandria.com → Hotel Platja Gran, DZ ab € 75, ganzjährig, 3-Sterne-Hotel mit 46 Zimmern am kleinen Sandstrand südlich vom Zentrum

♦ Alfons III., Camí de Maó 53, ☏ 971 38 01 50, www.hotelalfons.com, ganzjährig, DZ ab € 75, 2-Sterne-Hotel mit 42 Zimmern am östlichen Ortseingang, Zimmer zum Innenhof oder nach hinten nehmen, da diese ruhiger sind!

♦ Geminis, Carrer Josepha Rossinyol 4, ☏ 971 38 58 96, www.hotelgeminismenorca.com, DZ ab € 60, modern ausgestattetes 2-Sterne-Hotel mit kleinem Innenhof und Pool am Rand der Innenstadt

♦ Cala Bona & Mar Blava, Avenida del Mar 14, ☏ 971 38 00 16, www.calabona.net, DZ ab € 55, Hotel mit 44 Zimmern und Terrasse direkt am Meeresarm im Süden von Ciutadella, am Camí de Cavalls

B&B Hostal Sa Prensa, Carrer Madrid 70, ☏ 971 38 26 98, www.hostalsaprensa.com, DZ ab € 55, Pension mit Terrasse direkt an der Küste

♦ Hostal Menurka, Domingo Savio 6, ☏ 971 38 14 15, oasis@hostaloasismenorca.es, www.hostalmenurka.com, DZ ab € 55, günstige Unterkunft mit 21 Zimmern in Seitenstraße, 500 m vom Zentrum

♦ Oasis, Sant Isidre 33, 630 01 80 08, www.hostaloasismenorca.es, DZ ab € 55, zentral gelegene, familiengeführte Pension von 1974 mit 9 Zimmern und nettem Innenhof, am Rand der Altstadt

♦ Hostal Ciutadella, Carrer de Sant Eloi 10, ☏ 971 38 34 62, www.sagitariohotels.com → Hostal Ciutadella, DZ ab € 60 ohne Frühstück, günstige Unterkunft mit 17 Zimmern in Eckhaus am Ostrand der Altstadt

Alberg Juvenil Sa Vinyeta, Camí Vell de Sa Farola s/n, ☏ 971 36 50 73, savinyeta@injovemenorca.com, www.injovemenorca.es → Hostal Sa Vinyeta, Bett je nach Alter und Saison zwischen € 16 und 42, April bis Oktober, Jugendherberge in altem Bauernhaus mit modernem Design im Norden von Ciutadella mit 80 Betten in Vier- bis Zehnbettzimmern

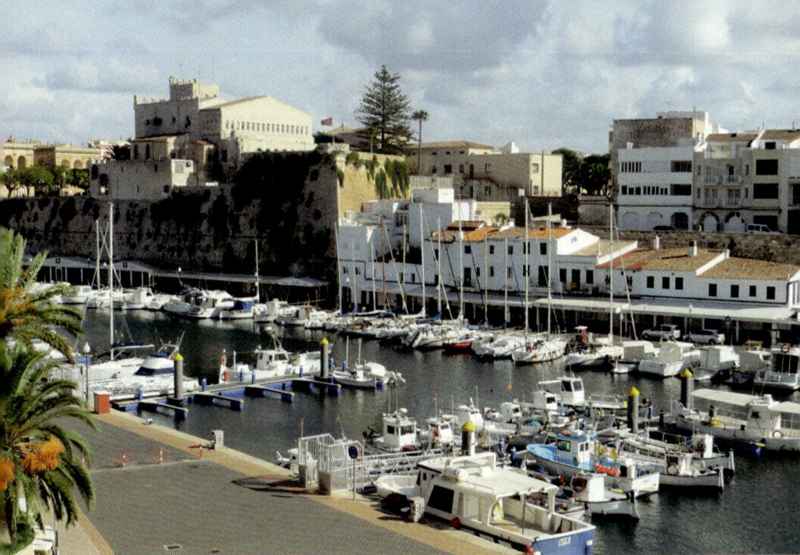

Der Hafen von Ciutadella (b)

Mehrere kleine Supermärkte am Rand des Zentrums. Ein größerer Supermarkt ist Diskont in der Carretera Santandria südlich vom Zentrum, 300 m vom Camí de Cavalls, Mo-Sa 9:00-21:30, So 9:00-14:00.

Bauernmarkt mit vielen Produkten der Insel auf dem Plaça Libertad, Mi und Sa 8:00-15:00. In der Saison gibt es zahlreiche weitere Märkte, etwa einen Handwerksmarkt Fr und Sa auf dem Plaça Borne sowie abends Marktstände zwischen Zentrum und Hafen.

Ciutadella hat mehr als 5 Apotheken, z. B. im Zentrum Farmacia Cavaller, Plaça de la Catedral 7, ☏ 971 38 00 83, Farmacia Martí Capell Sureda Marqués, Plaça dels Pins 20, ☏ 971 38 03 94, oder Farmacia Castany, Sta. Barbara 54,
☏ 971 38 56 80, alle genannten Mo-Fr 9:00-13:00 und 17:00-20:00

Clinica Juaneda Menorca, c/Canonge Moll s/n, ☏ 971 48 05 05,
www.juaneda.es, täglich 24 Stunden

♦ Centre de Salut Canal Salat, c/Antonio Maria Claret, ☏ 971 48 01 12, täglich 24 Stunden

Pl. Borne 9, Mo-Fr 8:30-20:30

Ciutadella hat einen Fährhafen mit Verbindungen von/nach Barcelona und Mallorca (☞ Reise-Infos von A bis Z, Anreise per Fähre, S. 31). In der Saison (April bis Oktober) können ganztägige Bootstouren ab Ciutadella zu den Stränden Son Saur und Cala en Turqueta gebucht werden, dadurch kann man die 7. Etappe und einen Teil der 8. Etappe einsparen. Anbieter sind z. B. Rutas Marítimas de la Cruz, ☏ 971 36 91 81, 💻 www.rutasmaritimasdelacruz.com, oder Menorca Blava, ☏ 971 07 64 70, 💻 www.menorcablava.com. Beide fahren ab dem Hafen (Passeig de Moll) und bieten die Tagestouren (auch als einfache Fahrten machbar) für rund € 50 an.

 gutes Stadtbusnetz mit verschiedenen Linien im Ort und ins Umland, 💻 www.tmsa.es

 Taxi Ciutadella, 📱 641 44 98 35

Weg durch Ciutadella

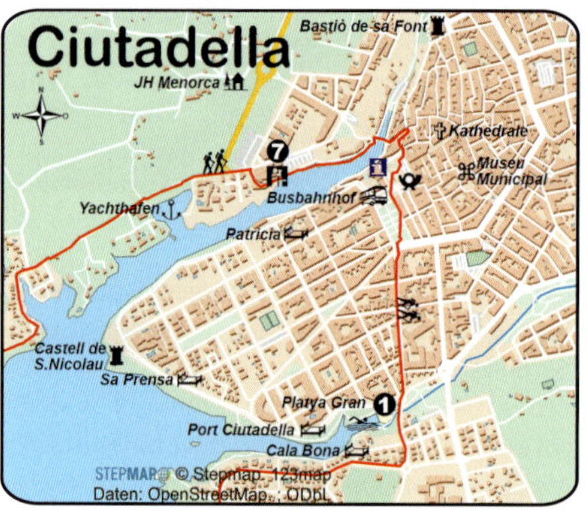

Anders als die Inselhauptstadt Maó hat sich die mit 29.800 Einwohnerinnen und Einwohnern etwa gleich große Stadt Ciutadella viel von ihrem ursprünglichen Charme bewahrt – mit kleinen Gassen und den allgegenwärtigen Torbögen. Dort, wo früher die im 19. Jh. geschleifte Stadtmauer die Altstadt umgab, verläuft heute die breite Ringstraße *Contramurada* um die Innenstadt. Am 23./24. Juni findet in Ciutadella alljährlich das größte Volksfest Menorcas statt: Rund 30.000 Besucherinnen und Besucher – so viel wie der Ort Einwohnerinnen und Einwohner hat – sind beim Fest de Sant Joan dabei.

Den Mittelpunkt des Rathausplatzes, der Plaça des Born, bildet ein weißer Obelisk von 1857, der an die Zerstörung durch die osmanischen Piraten im Jahr 1558 erinnert. An der Westseite des Platzes erhebt sich das zinnenbekrönte Rathaus von 1925, wo zu maurischen Zeiten der Gouverneur residierte. Von dem Platz bietet sich ein schöner Blick hinunter auf den Hafen und die untere Hafenstadt, Baixamar.

Ciutadella wurde von den Karthagern als Handelsstützpunkt gegründet und hieß in der Antike *Iamona*. Die Stadt war als Bischofssitz bis in das 18. Jh. Hauptstadt Menorcas. Das heutige Stadtbild geht vor allem auf die Zeit zwischen dem

16. und 19. Jh. zurück, nachdem Ciutadella 1558 durch osmanische Piraten stark zerstört worden war. Unter den Briten verlor Ciutadella 1722 seine Hauptstadtfunktion zugunsten von Maó.

✞ Die **Kathedrale** wurde im 13. Jh. auf den Resten einer maurischen Moschee im gotischen Stil erbaut. Der heutige Glockenturm steht genau dort, wo sich früher das Minarett erhob. Um 1813 wurde vor das gotische Portal eine klassizistische Fassade gebaut.

⌘ Das Stadtmuseum (**Museu Municipal**) zeigt in der Carrer del Santíssim 2 archäologische Fundstücke aus vorgeschichtlicher, römischer und arabischer Zeit.

♦ Di-Sa 11:00-14:00 und 18:00-21:00, So nur 11:00-14:00

Die Festung **Bastió de sa Font** stammt aus dem 17. Jh., um bald darauf als Getreidelager genutzt zu werden. Die Bastion überlebte das Schleifen der Festung im 19. Jh. und blieb daher als historisches Monument erhalten.

Einen schönen Blick auf das Meer bis hinüber nach Mallorca bietet der Plaça Almirall Farragut, 1 km südwestlich vom Rathausplatz, erreichbar über den Passeig de Sant Nicolau. An dieser exponierten Stelle wurde das **Castell de Sant Nicolau** erbaut, um die Hafeneinfahrt nach Ciutadella kontrollieren zu können.

♦ ganzjährig 24 Stunden täglich, Eintritt frei

7. Etappe: Ciutadella – Son Xoriguer

15,4 km, 4-5 Std., ↑ 100 m, ↓ 120 m, ⇧ 0-23 m

0,0 km	⇧ 20 m	Ciutadella B&B ✞
4,4 km	⇧ 1 m	Cala Santandria
6,9 km	⇧ 1 m	Cala Blanca
12,8 km	⇧ 10 m	Cap d'Artrutx
14,2 km	⇧ 2 m	Cala en Bosch
15,4 km	⇧ 2 m	Son Xoriguer

Der erste und letzte Teil dieser Etappe verläuft großteils über Asphalt. Von Ciutadella geht es südwärts entlang der überwiegend flachen Küste, vorbei an der

Urlaubssiedlung Cala Blanca mit beliebtem Strand. Weiter führt der Weg durch eine mit Strauchvegetation bewachsene Landschaft zum südwestlichen Punkt der Insel, dem Cap d'Artrutx mit der gleichnamigen Urlaubssiedlung. Ab hier zieht sich der Camí de Cavalls fast ausschließlich auf Asphaltstraße durch zusammengewachsene Urlaubssiedlungen zum Endpunkt dieser Etappe, Son Xoriguer.

Vom Rathausplatz in Ciutadella mit dem Obelisken halten Sie sich südlich und queren den großen baumbestandenen Platz Plaça Pins. Weiter geht es südlich auf der Carrer Mallorca. Nach 5 Min. passieren Sie den kleinen Strand Sa Platja Gran ❶ mit Park, der das Ende eines kleinen Meeresarms bildet.

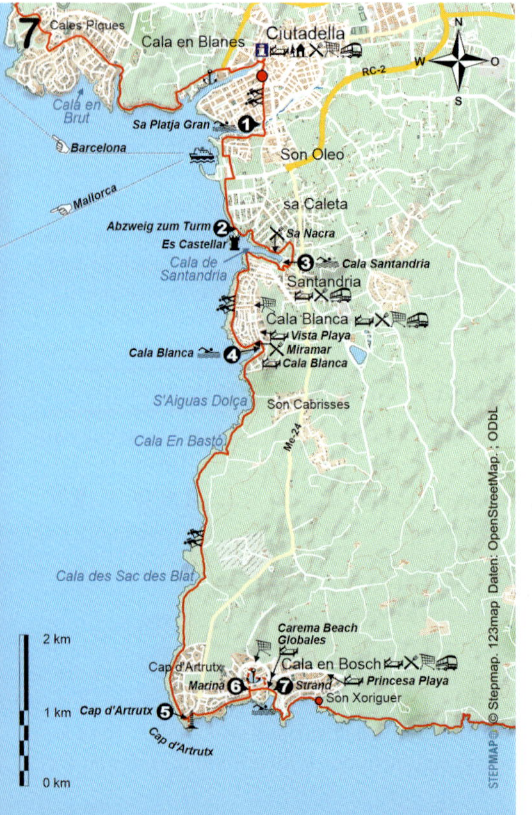

Danach halten Sie sich beim Kreisverkehr rechts Richtung Son Oleo, vorbei am Hotel Cala Bona, und folgen der Straße am Ufer entlang. 500 m nach einem Kreisverkehr und kurz nach einer Sitzbank verlässt der Camí de Cavalls gut ausgeschildert die Straße nach rechts (km 2,7) und führt über einen Küstenpfad weiter. Nach 150 m halten Sie sich bei einer Abzweigung ❷ vor dem im 18. Jh. erbauten Turm Es Castellar links und folgen dem Weg weiter entlang der Küste zur Cala Santandria mit einer Einkehrgelegenheit 10 Gehminuten vor dem Strand.

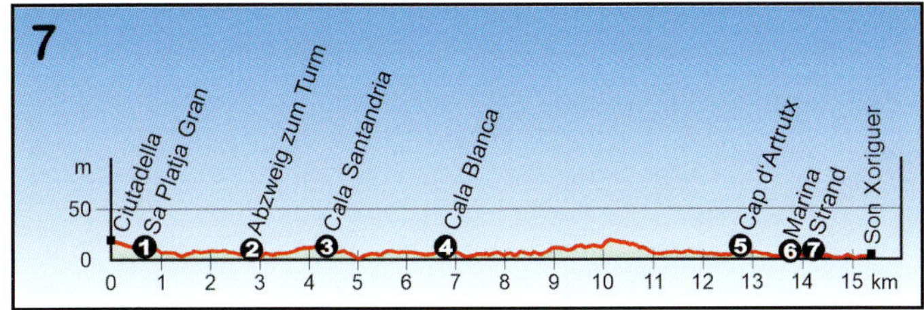

Restaurant Sa Nacra, Carrer de Sa Nacra, ☏ 971 38 62 06, www.restaurantsanacra.com, Sommersaison Fr-Mi 13:00-16:00 und 19:00-2:00

Nach dem Restaurant zweigt der Camí de Cavalls in das Landesinnere ab (Camí Santandria) und folgt nach 200 m der Straße nach rechts, erst Richtung Südosten, später Süden. Am Ende geht es bei einem Stoppschild wenige Meter nach rechts und dann links auf schmalem Weg zwischen Häusern entlang, ehe Sie rechts der Straße zum Strand der Cala Santandria ❸ folgen (km 4,4).

Santandria/Sa Caleta 

Hotel Playa Santandria, Urb. Santandria s/n, ☏ 971 38 04 00, www.playasantandria.com, DZ ab € 120, Hotel am Strand mit 41 Zimmern

♦ Hotel Bahia, Carrer dels Suissos 3, ☏ 971 38 26 44, 609 63 08 87, www.bahia-poseidon.de, DZ ab € 115, kleines Hotel mit 13 Zimmern unter Schweizer Leitung, zu dem auch eine Tauchschule gehört, direkt an der Cala Santandria

diverse Einkehrgelegenheiten/Bars in der Bucht, etwa Sa Quadra, Carrer des Rupit 1, ☏ 971 48 09 59, in der Saison täglich 11:30-0:00

Buslinie 64 von/nach Ciutadella, in der Nebensaison Mo-Sa etwa alle 2 Stunden, in der Hauptsaison häufiger (€ 1,70), www.bus.e-torres.net

Radio Taxi, 699 00 77 90, Tarif von/nach Ciutadella etwa € 10

Sandstrand zwischen Felsen und Bar

Nach dem Strand von Santandria folgen Sie dem Camí de Cavalls wieder rechts zur Küste und kurz darauf weiter auf Straßen durch die Urlaubssiedlung Cala Blanca zum Strand in der gleichnamigen Bucht ❹ (km 6,9).

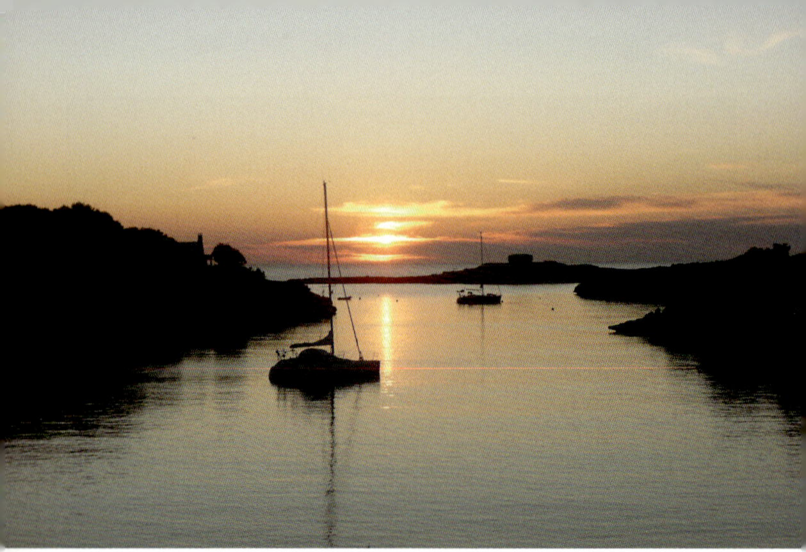

In der Cala Santandria (ub)

Cala Blanca

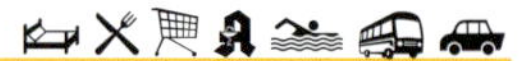

- Vista Playa, Avinguda de la Playa 4, 971 38 28 77 www.sagitariohotels.com → Apartamentos Vista Playa, Appartement ab € 55, kleine Urlaubsanlage mit 24 Appartements und Pool, etwa 200 m von der Küste entfernt
- ♦ Globales Cala Blanca Hotel, Avenida Ponent s/n, 971 38 04 50, www.hotelesglobales.com → Menorca → Cala Blanca, DZ mit HP ab etwa € 60, große Urlaubsanlage mit 167 Zimmern im Süden der Siedlung
- ♦ Hotel Spa Sagitario Platja, Avinguda de la Playa, 971 38 28 77, www.sagitariohotels.com → Hotel Spa Sagitario Platja, DZ ab € 70, 4-Sterne-Wellness-Hotel mit 72 Zimmern, Tipp: (ruhigere) Zimmer zum Garten hin nehmen!
- mehrere Restaurants am Strand, etwa Restaurante Miramar, Parcela 1D, Polígono B, Avinguda de Cala Blanca, 656 33 15 17, in der Saison täglich 10:00-1:00
- Supermercado Cala Blanca, Passatge Baladre 1, 971 38 04 33, in der Saison täglich 8:30-21:00
- Farmàcia de Cala Blanca, Avenida de la Platja 48, 971 38 66 76, Mo-Sa 9:00-13:30, Mo-Fr auch 17:00-20:00
- Buslinie 64 von/nach Ciutadella, in der Nebensaison Mo-Sa etwa alle 2 Stunden, in der Hauptsaison häufiger (€ 1,70), www.bus.e-torres.net
- Radio Taxi, 699 00 77 90, Tarif von/nach Ciutadella etwa € 11

Cala Blanca ist eine kleine Bucht mit beliebtem und daher oft überfülltem Sandstrand sowie Bar. Am Ende der Bucht liegen alte Dünen mit archäologischen Funden (Infotafeln).

Vom Strand in Cala Blanca geht es weiter südwestwärts. Nach 300 m macht die Straße eine scharfe Linkskurve. Der Camí de Cavalls führt ab hier (endlich!) wieder auf einem schönen Pfad geradeaus parallel zur Küste, in freier Landschaft. Nach 1 Std. 30 Min. erreichen Sie eine Urlaubssiedlung (km 11,7): Cap d'Artrutx. Sie wandern geradeaus weiter auf der Straße südwärts, parallel zur Küste. Nach 15 Min. erreichen Sie die Südwestspitze Menorcas; das Cap d'Artrutx ❺ (km 12,8).

Nach rechts lohnt ein kurzer Abstecher (100 m) zum Cap d'Artrutx mit dem 1859 erbauten und 1970 erhöhten Leuchtturm mit schwarz-weißer Farbgebung. Hier ist die Entfernung nach Mallorca am geringsten: 38 km.

Vom Kap geht es auf der Uferstraße weiter nach Cala en Bosch, vorbei an der Marina ❻ und dem Strand ❼ (km 14,2), und schließlich über einen kleinen Landvorsprung zum Ziel Son Xoriguer.

Abstecher um den Jachthafen (zusätzlich 500 m)

Wer mag, umrundet noch links den Jachthafen mit seinen vielen Einkehr- und Einkaufsgelegenheiten, ehe es über den Strand von Cala en Bosch weiter zum Ziel geht.

Cap d'Artrutx, Cala en Bosch und Son Xoriguer

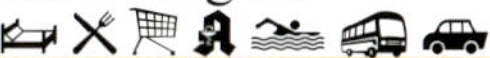

- Carema Beach Menorca, Avenida Circunvalación, ☏ 971 38 70 12, www.caremahotels.com → Carema Beach Menorca, Appartement/DZ ab € 75, 4-Sterne-Urlaubsanlage in Cala en Bosch
- ♦ Globales Calan Bosch Hotel, Final de la Via de Circunvalación, ☏ 971 38 70 00, www.hotelesglobales.com → Menorca → Cala'n Bosch Hotel, DZ ab etwa € 75, großes 4-Sterne-Hotel
- ♦ Princesa Playa, Gran Vía Son Xoriguer 17, ☏ 971 38 72 71, www.sagitariohotels.com → Hotels → Hotel Princesa Playa, DZ ab etwa € 90, 4-Sterne-Hotel am Nordostrand von Son Xoriguer, auch buchbar für 1 Nacht
- Viele Einkehrgelegenheiten gibt es rund um den Jachthafen, etwa Restaurante Mr Jaume, in der Saison Do-Di 12:00-23:00.

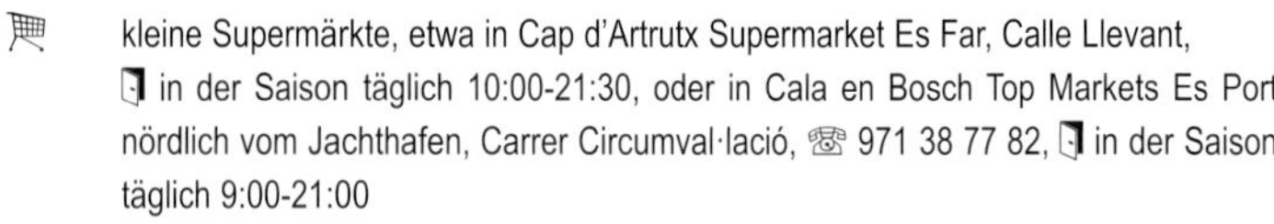

kleine Supermärkte, etwa in Cap d'Artrutx Supermarket Es Far, Calle Llevant, in der Saison täglich 10:00-21:30, oder in Cala en Bosch Top Markets Es Port nördlich vom Jachthafen, Carrer Circumval·lació, ☏ 971 38 77 82, in der Saison täglich 9:00-21:00

Farmacia Cala'n Bosch, Plaza Center, 25, ☏ 971 38 70 09, Mo-Fr 9:00-13:00

Buslinien 64/65 von/nach Ciutadella (etwa € 2), in der Nebensaison mehrmals täglich, im Sommer beinahe halbstündlich, ☏ 902 07 50 66, www.bus.e-torres.net

Radio Taxi, 699 00 77 90, Tarif von/nach Ciutadella etwa € 18

Cap d'Artrutx heißt die Südwestspitze Menorcas sowie der sich dort befindende Ort, der zusammen mit den östlich gelegenen Ortschaften Cala en Bosch und Son Xoriguer eine zusammenhängende Nullachtfünfzehn-Urlaubssiedlung bildet, mit zahlreichen großen Ferienanlagen, die zusammen rund 7.000 Gäste unterbringen können – die größte Bettenburg der Insel. Die Hotels sind überwiegend von April bis Oktober geöffnet und können in der Hauptsaison meistens nicht für eine Nacht gebucht werden. Son Xoriguer ist bekannt für seinen 500 m langen, feinsandigen Strand, der künstlich auf den ursprünglichen Kieselstrand aufgeschüttet wurde, um den Tourismus zu fördern. Bei dieser Erschließung verschwand die Lagune hinter dem Strand. Wo heute der Jachthafen liegt, war früher eine Sumpffläche.

8. Etappe: Son Xoriguer – Cala Galdana

14,4 km, 4 Std., ↑ 240 m, ↓ 235 m, ⇧ 0-52 m

0,0 km	⇧ 2 m	Son Xoriguer
5,2 km	⇧ 1 m	Strand Platges de Son Saura
9,4 km	⇧ 2 m	Cala en Turqueta
12,3 km	⇧ 1 m	Cala Macarella
14,4 km	⇧ 5 m	Cala Galdana

Von Son Xoriguer geht es zunächst ostwärts entlang der Südküste durch einsames und kaum besiedeltes Gebiet. Der Weg führt überwiegend direkt an der Küste entlang, vorbei an mehreren kleinen Buchten. Landeinwärts gedeihen Wälder mit Kiefern, Steineichen, Strauchheide, Wacholder und verwilderten Oliven. Sie passieren einige der bekanntesten Strände der Insel, die idyllisch in Buchten liegen: Cala en Turqueta und Cala Macarella. Hier haben Sie die Wahl zwischen zwei Routenvarianten: eine leichtere durch das Hinterland oder eine abenteuerlichere direkt an der Küste. Nach einer Passage durch Wald mit immer wieder schönen Ausblicken auf die Küste taucht vor Ihnen die Bucht von Galdana mit den unübersehbaren Hotelhochbauten auf.

Badegelegenheiten gibt es viele in den zahlreichen Buchten. Besonders beliebt sind Cala en Turqueta und Cala Macarella.

Der Camí de Cavalls verlässt die Urlaubssiedlung Son Xoriguer am Strand kurz hinter dem Restaurant Neptun. Vorbei an der Strandbar und einer Infotafel verlassen Sie die Zivilisation und folgen dem Camí de Cavalls auf einem Sandweg an der Küste entlang. Kurz darauf geht es durch privates Jagdgebiet (*coto privado de caza*). Nach 30 Min. (km 1,4) passieren Sie ein Gebäude rechts an der Küste und nach weiteren 15 Min. führt der Camí de Cavalls an der kleinen Bucht mit dem Platja des Comte ❶ entlang. Nach 15 Min. folgt eine weitere Bucht, ehe Sie nach 25 Min. (km 5,2) den fast 500 m langen Strand **Platges de Son Saura** erreichen.

Dieser „Hausstrand" von Ciutadella mit seinem großen Parkplatz bietet genau genommen zwei Sandstrände, geteilt durch eine kleine Halbinsel: den

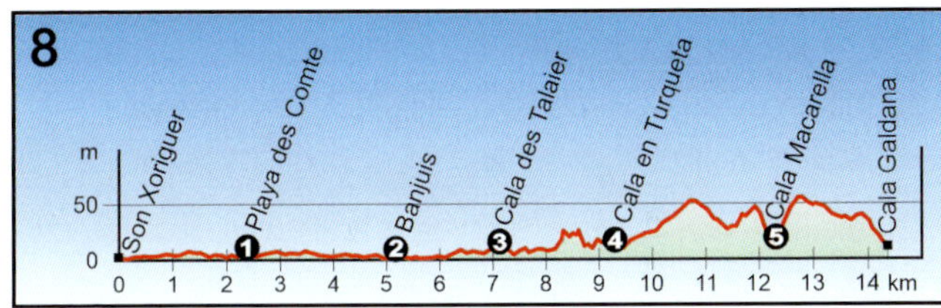

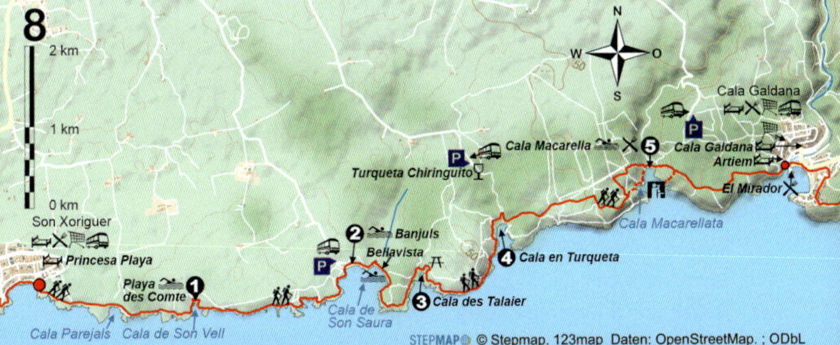

kleineren Strand **Banyuls** ❷ sowie den Hauptstrand **Bellavista** mit, festem Sand sowie Badewachturm.

Bushaltestelle „Son Saura" 5 Gehminuten oberhalb vom Strand, Linie 66 von/nach Ciutadella Mai bis Oktober Mo-Sa mindestens 3x täglich, einfache Fahrt € 3,15, www.bustorresplayas.com

Sie queren beide Strände sowie den Wasserlauf auf einer der Brücken und folgen danach dem Camí de Cavalls rechts zwischen Meer und Kiefernwald (Schild: „Cala en Turqueta 3,5 km"). Nach 30 Min. (km 7,2) führt der Camí de Cavalls am kleinen Strand der **Cala des Talaier** ❸ vorbei, zur Rechten ein Picknickplatz mit Tischen und Bänken.

Die Cala des Talaier (b)

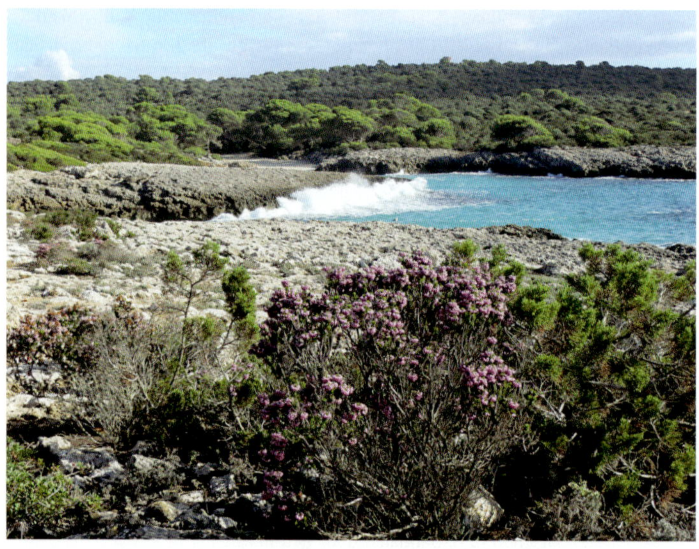

100 m danach folgen Sie dem Pfad Richtung Küste (Schild: „Cala en Turqueta 2,2 km"), ein toller Klippenweg mit schöner Aussicht sowie später links einigen verwilderten Olivenhainen. Die Cala en Turqueta erreichen Sie nach einem leichten Abstieg durch Kiefernwald (km 9,4).

Die einsame Bucht **Cala en Turqueta** ❹ bietet klares Wasser, Dünen und einen 200 m langen, feinen Sandstrand, der durch Felsen unterteilt ist. Der Wald reicht fast ans Wasser heran, dadurch spenden Bäume Schatten. Klingt alles fast wie in der Werbung – die Folge: Der Strand wurde lange als „Geheimtipp" gehandelt und ist daher mittlerweile in der Saison gut besucht, obwohl der nächste Parkplatz 10 Gehminuten entfernt ist.

Bar Turqueta Chiringuito am Parkplatz, 10 Gehminuten vom Strand entfernt, in der Urlaubssaison täglich 8:00-20:00

Bushaltestelle Cala en Turqueta 10 Gehminuten oberhalb vom Strand, Linie 68 von/nach Ciutadella Mai bis Oktober Mo-Sa mehrmals täglich, einfache Fahrt € 5,10, www.bustorresplayas.com

Am östlichen Strandende folgen Sie dem Camí de Cavalls bei den Infotafeln links durch einen Wald mit Kiefern, Steineichen und verwilderten Oliven. Nach 10 Min. wird das Gelände offener mit gelegentlicher Strauchvegetation und Sie halten sich bei einer Gabelung links (Schild: „Cala Macarella 2,4 km/Cala Galdana 5,9 km"). 30 Min. nach der Cala en Turqueta geht es bei einer Abzweigung in lichtem Kiefernwald rechts (Schild: „Cala Macarella 1,6 km/Cala Galdana 5,1 km") und abwärts durch ein von steilen Kalksteinfelsen umrahmtes Tal mit Kiefernwald. 10 Min. nach der Abzweigung stoßen Sie in dem Talkessel auf eine Gabelung (km 11,4): Der Camí de Cavalls führt links aufwärts (Schild: „Cala Macarella 1 km/Cala Galdana 4,5 km") und dann in einem Rechtsbogen durch das Landesinnere.

Variante entlang der Küste und zur idyllischen Strandbucht Cala Macarellata (➲ 300 m kürzer)

Die Variante entlang der Küste, die zu der einsam gelegenen Strandbucht Cala Macarellata führt, ist 300 m kürzer als der Verlauf des Camí de Cavalls, aber sie ist schwerer zu gehen. Ein Mindestmaß an Trittsicherheit und Schwindelfreiheit ist für den schmalen Pfad über Felsstufen Voraussetzung. Aber es lohnt sich! Und so schlimm ist es auch wieder nicht: Einige Strandbesucherinnen und -besucher gehen mit Badelatschen bzw. Sandalen über den Pfad.

Der Wegverlauf:

Bei der Gabelung im Talkessel folgen Sie dem Sandweg geradeaus abwärts (kein Schild) und erreichen nach 100 m den Strand **Cala Macarellata**, ein beliebtes Fotomotiv. Er wurde schon mehrfach – etwa im Reisemagazin GEO SAISON – als

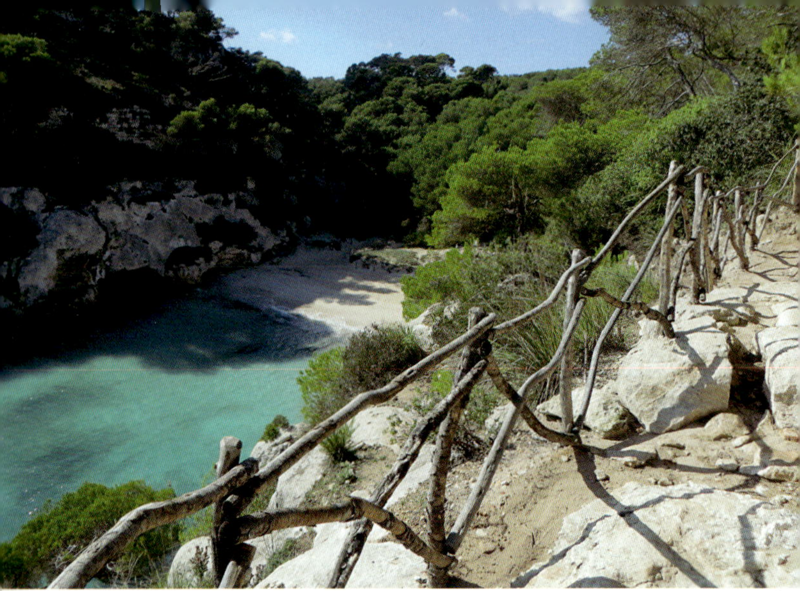

Cala Macarellata (b)

einer der schönsten Strände Europas geadelt. Die Dünen hinter dem Strand sind eingezäunt, um den Dünenbewuchs zu schonen. Auf der anderen (östlichen) Strandseite nehmen Sie den (aus der Entfernung kaum sichtbaren) Pfad über Felsstufen aufwärts und folgen ihm 5 bis 10 Min. entlang der Küste bis zur nächsten größeren Bucht: Cala Macarella. Dort erreichen Sie auch wieder den Camí de Cavalls.

Der Camí de Cavalls erreicht 80 m nach der Gabelung im Talkessel eine Gabelung bei stark erodierten Felsen: Hier halten Sie sich rechts und folgen dem Camí de Cavalls, bis Sie nach 10 bis 15 Min. die **Cala Macarella ❺** erreichen – die letzte Badebucht vor Cala Galdana (km 12,3). Daher ist hier in Urlaubszeiten trotz der einsamen Lage mit vielen Menschen zu rechnen, die sich auch durch die Parkplatzgebühr von mehr als € 5 nicht abschrecken lassen.

Cafeteria/Bar Susy am Strand, ☏ 971 35 94 67, www.cafeteriasusy.com, in der Touristensaison täglich 10:00-23:00

Bushaltestelle Cala Macarella 20 Gehminuten oberhalb vom Strand, Linie 69 von/nach Ciutadella Juni bis September täglich etwa alle 40 Min., einfache Fahrt € 4,60, www.bustorresplayas.com

Am Ende des Strandes geht es links die Holztreppe hinauf. Der Camí de Cavalls verläuft zeitweise als Pfad links parallel zur Holztreppe, aber beide kommen oben zusammen. Die Treppe ist angenehmer zu gehen als der Sandboden und die Vegetationsschäden sind geringer. Oben geht es geradeaus weiter auf dem Camí de Cavalls, von dem nach rechts mehrere kurze Stichwege zu Aussichtspunkten abzweigen.

Ein Muss ist die erste Abzweigung, die 100 m nach der Holztreppe nach 200 m einen Aussichtspunkt erreicht, mit tollem Blick auf die Cala Macarella.

20 Min. nach der Holztreppe zweigt rechts ein 200 m langer Stichweg zu einem Punkt mit Aussicht nach Cala Galdana ab.

Der Küstenweg führt überwiegend durch Kiefernwald und erreicht 30 Min. nach der Cala Macarella den größeren Urlaubsort Cala Galdana, wo Sie bei der Fußgängerbrücke vor dem Hotel Audax herauskommen.

Cala Galdana

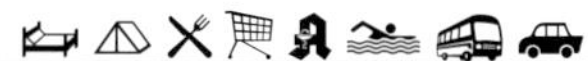

ARTIEM Audax Spa & Wellness Cala Galdana, C/Pins, ☏ 971 15 46 46, www.artiemhotels.com à Hotel Audax, DZ ab € 115, großer 4-Sterne-Wellness-Hotelkasten mit 200 Zimmern am westlichen Ortsende, direkt am Camí de Cavalls

♦ Meliá Cala Galdana, Avenida de Sa Punta s/n, ☏ 971 15 45 45, www.melia.com, April bis Oktober, DZ ab € 150, nicht zu übersehendes 5-Sterne-Hotelhochhaus direkt am Strand mit mehr als 350 Zimmern, Eingang wahlweise unten am Strand oder oben, wo auch der Camí de Cavalls entlangführt

♦ Galdana, Urbanització Serpentona, ☏ 971 15 45 00, www.hotelcalagaldana.com, Anfang Mai bis Ende Oktober, DZ ab € 65, mindestens 3 Nächte, großes 4-Sterne-Hotel am Ende der Zufahrtsstraße, 150 m vom Strand entfernt

Camping S'Atalaia, Travessia Cala Galdana, ☏ 971 37 42 32, campingatalaia@yahoo.es, www.campingsatalaia.com, Anfang April bis Ende September, Erwachsener ab € 6 und Zelt ab € 4, 100 Plätze auf bewaldetem Gebiet, Platz im Pinienwald mit Pool, Restaurant und Supermarkt, an der Straße zwischen Cala Galdana und Ferreries, 3 km landeinwärts

Bars direkt am Strand, etwa Aquario Cala, in der Saison täglich 9:00-23:00

♦ Restaurant El Mirador, ☏ 971 15 45 03, www.elmirador-restaurante.com, in der Saison täglich 10:00-23:00, auf der Landzunge mit netter Terrasse

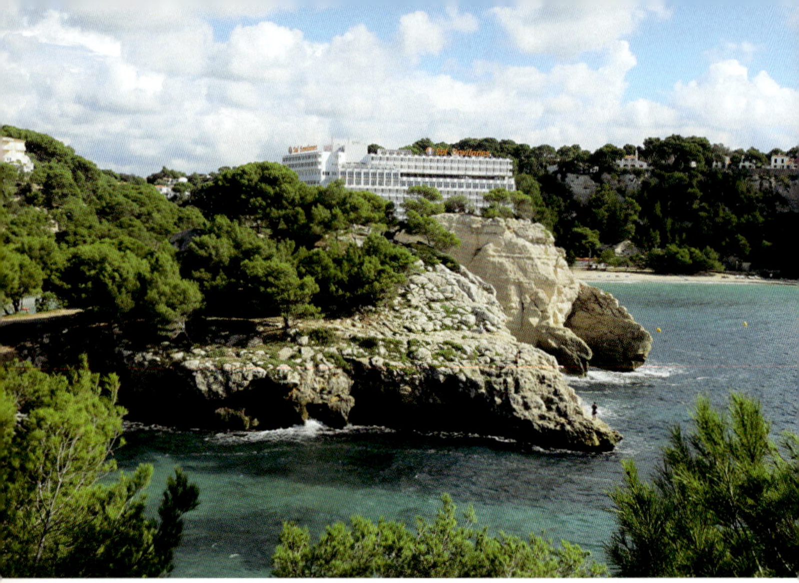

Cala Galdana – im Hintergrund das Hotel-Hochhaus Sol Gavilanes (b)

einige kleine in der Touristensaison geöffnete Supermärkte, etwa oberhalb westlich Supermercat, Costa Mirador 128, 8:00-21:45, oder an der Zufahrtsstraße in den Ort Supermarket Cala Mitjana, Travessia Cala Galdana, 8:30-19:30

Farmacia Roure, Passeig del Riu 7, ☎ 971 15 47 04, in der Saison Mo-Fr 9:00-13:30 und 17:00-20:00, Sa/So 10:00-13:30

Buslinien 51/52/53 nach/von Ferreries und von dort weiter – mal mit, mal ohne Umsteigen – nach Maó (€ 4,40) oder Ciutadella (€ 3), Verbindungen in der Touristensaison Mo-Sa mehrmals täglich, TMSA, ☎ 971 36 04 75, www.tmsa.es

Radio Taxi, 699 00 77 90, info@taxismenorca.com, www.taxismenorca.com. Das Taxi kostet nach Ciutadella etwa ab € 35, nach Maó € 48.

Cala Galdana liegt an der Mündung der Schlucht von Algendar in einer geschwungenen Bucht mit einem fast 500 m langen und sehr belebten Sandstrand sowie vielen Urlaubsangeboten.

Die Touristensiedlung wird geprägt von mehreren Hotel-Hochhäusern aus den 70er-Jahren. Glücklicherweise werden diese Architektursünden durch die

Kiefernwälder und die 50 m hohen Felsen, die Cala Galdana umgeben, etwas verdeckt.

9. Etappe: Cala Galdana – Sant Tomàs

11,5 km, 4 Std., ↑ 310 m, ↓ 315 m, ⇧ 0-71 m, optional Küstenweg 9,8 km

0,0 km	⇧ 5 m	Cala Galdana
2,4 km	⇧ 5 m	Cala Mitjana
10,4 km	⇧ 20 m	Abzweig Cova des Coloms
10,7 km	⇧ 2 m	Platges de Binigaus
11,5 km	⇧ 2 m	Sant Tomàs

Bei Küstenvariante:

0,0 km	⇧ 5 m	Cala Galdana
2,4 km	⇧ 5 m	Cala Mitjana
4,0 km	⇧ 1 m	Cala Trebalúger
5,8 km	⇧ 1 m	Cala Fustam
8,9 km	⇧ 2 m	Platges de Binigaus
9,8 km	⇧ 2 m	Sant Tomàs

Bei dieser Etappe an der Südküste (Migjorn) *müssen mehrere Schluchten* (barrancs) *gequert werden, die in den weichen Kalksandstein erodiert wurden und zu den wichtigsten der Insel zählen.*

In den Schluchten Algendar, Trebalúger und Albranca fließen ganzjährig Bäche und in den Mündungsbuchten Cala Mitjana, Trebalúger und Binigaus entstanden als Folge größere Sandstrände. Nach sehr starken Regenfällen kann die Querung dieser Schluchten schwierig sein – auf jeden Fall sollten Sie dann dem Verlauf des Camí de Cavalls durch das Landesinnere folgen und nicht die ebenfalls beschriebene Küstenvariante nehmen! Beide Varianten sind zeitlich in etwa gleich lang.

Bei dem Camí de Cavalls ist in der Barranc de Binigaus ein Abstecher zu Karsthöhlen möglich, darunter die Cova des Coloms.

Badegelegenheiten gibt es in der Cala Mitjana bei der Abzweigung der Varianten, am Binigaus-Strand kurz vor Ende dieser Etappe und am Anfang und Ende dieser Etappe.

In Cala Galdana folgen Sie dem Camí de Cavalls über die Fußgängerbrücke und den Strand bzw. die Promenade zum Hotelhochhaus (Hotel Sol Gavilanes). Vor dem Hotel geht es links Richtung Landesinnere, links am Gebäude mit Toiletten und Rotem Kreuz vorbei. Der Camí de Cavalls steigt in einer großen Rechtskurve teilweise über Stufen in den höher gelegenen Ortsteil von Cala Galdana an. Theoretisch könnte man diese Höhenmeter auch mit dem Fahrstuhl des Hotels überbrücken. Der Camí de Cavalls führt oben auf der Straße an der Einfahrt des Hotels Sol Gavilanes ❶ vorbei und zweigt dann links ab, vor dem kleinen Parkplatz (rot-weiße Markierung, „Carrer Camí des Cavalls").

Schöne Aussichten auf Cala Galdana bieten sich rechts, gegenüber der linken Abzweigung, sowie am Ende der Straße beim Kreisverkehr. Diese erreichen Sie, wenn Sie der Straße 250 m vorbei an der linken Abzweigung geradeaus folgen.

Hinter dem Wendekreisel geht es an der Infotafel vorbei und nach dem Gatter auf dem Camí de Cavalls links durch Wald. Nach 5 Min. halten Sie sich rechts und gehen abwärts.

Nach 250 m ❷ lohnt sich ein Abstecher nach rechts zu einem Aussichtspunkt (Schild: „Mirador", ➲ 2x 600 m).

100 m nach der Abzweigung zum Aussichtspunkt führt der Camí de Cavalls bei einer T-Kreuzung auf einem Schotterweg rechts abwärts (Schild: „Playa").

Nach 120 m folgen Sie nicht dem Schotterweg durch die Linkskurve, sondern wandern geradeaus auf dem kleineren Weg auf die Felsen zu und dort links abwärts.

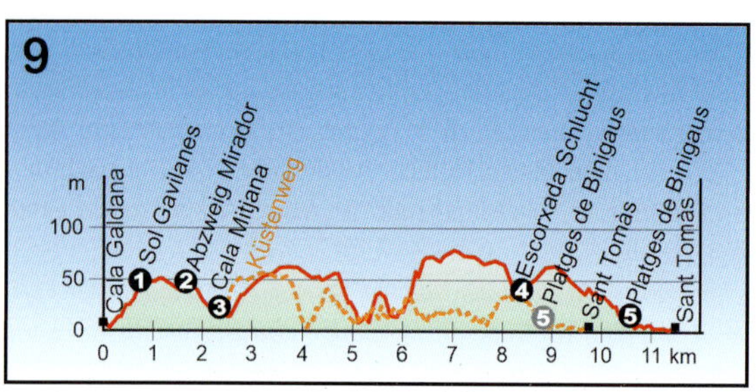

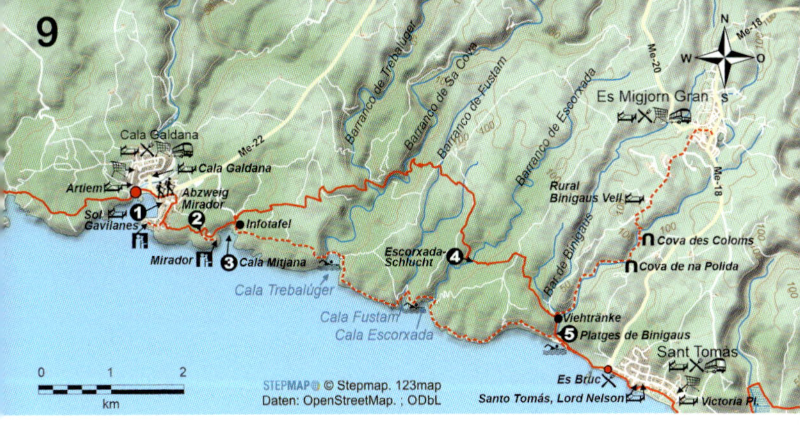

Der Camí de Cavalls verläuft oberhalb der Bucht **Cala Mitjana** ❸. Infotafeln erinnern an den früheren Abbau von Kalkstein in diesem Gebiet. Etwa 30 Min. nach Cala Galdana (km 2,4) erreichen Sie eine Holztreppe mit einer Infotafel daneben. Der Camí de Cavalls führt geradeaus weiter und durch das Landesinnere, während eine schöne Variante entlang der Küste zur Wahl steht.

Variante entlang der Küste (➲ 6,5 statt 8,2 km)

Diese Variante folgt der Küstenlinie über ehemals private Wege, die heute Wanderinnen und Wanderern offenstehen. Sie passieren einsame Schluchten mit schönen Badestellen, ehe Sie nach einem Teilstück entlang der bewaldeten Steilküste beim Platges de Binigaus wieder auf den Camí de Cavalls stoßen.

Diese Variante sollten Sie nicht bei oder nach starkem Regen wählen, weil sich dann einige in Buchten mündende kleine Bäche in reißende Flüsse verwandeln können!

Oberhalb der Bucht Cala Mitjana gehen Sie rechts die Holztreppe hinab und wandern über den feinsandigen Strand, idyllisch gelegen in der Bucht mit Kalksteinfelsen und Kiefern dahinter. Einige Höhlen in den Felsen sind nur schwimmend zu erreichen. Unweit von Cala Mitjana gibt es einen Parkplatz; von daher ist es nicht ganz einsam hier. Auf der anderen (östlichen) Strandseite steigen Sie auf dem kleinen Stufenweg hinauf. Der Küstenweg ist mit einem Pfeil auf einem einfachen Holzschild markiert. Nach dem Ende der Steigung wandern Sie links und geradeaus eben durch Wald.

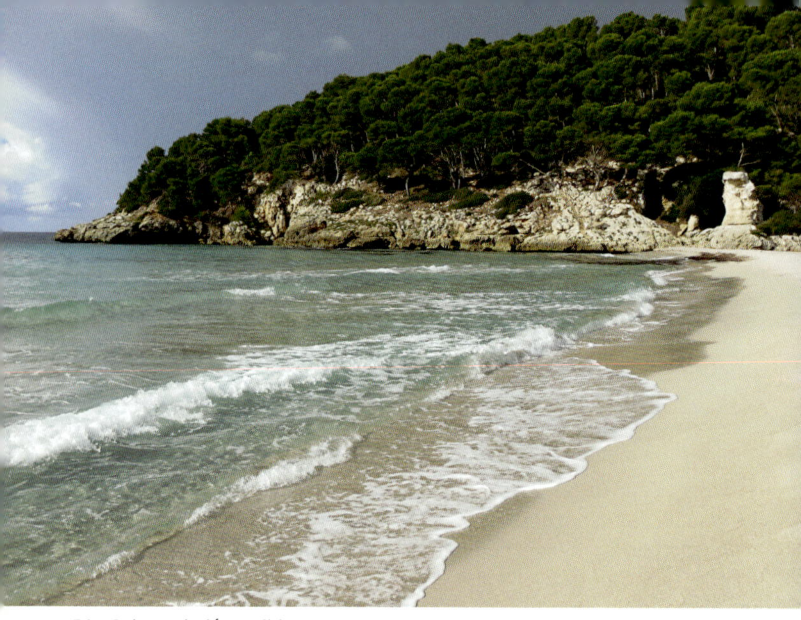

Die Cala Trebalúger (b)

Nach 15 Min. durch den Wald erreichen Sie den feinsandigen und versteckt zwischen Felsen und Kiefern liegenden Strand der **Cala Trebalúger** (km 4). Weiter geht es auf dem Küstenweg, ehe Sie nach 10 Min. in eine kleine Bucht absteigen. Von nun an wird die Landschaft freier und Sie wandern durch eine felsige Küstenlandschaft.

Nach dem Einmünden auf einen anderen Weg und kurzem Abstieg erreichen Sie die **Cala Fustam** (km 5,8) (Titelbild), eine einsame Bucht mit kleinem Sandstrand und Schatten spendenden Kiefern, die bis an das Meer heranreichen. In diese Bucht mündet die gleichnamige Schlucht, die von hohen weißen Kalksteinwänden umrahmt wird. Auf der anderen (östlichen) Seite des Strandes geht es weiter, vorbei an einer Infotafel.

Sollte die Querung des Baches infolge Hochwassers schwierig sein, halten Sie sich etwas links; dort ist der Bach etwas flacher.

Kurz nach dem Strand halten Sie sich rechts und folgen dem Schotterweg durch Wald, ehe Sie nach wenigen Minuten die nächste Bucht erreichen:

Cala Escorxada, mit einem schönen und relativ einsamen Strand, wo Kiefern für etwas Schatten sorgen. Beim Strand halten Sie sich kurz nach dem weißen Haus rechts und folgen dem Sandweg durch die (eingezäunte) Dünenlandschaft. Weiter geht es auf dem Küstenweg über Felsen und durch Wald sowie durch drei weitere Schluchten. 2 Std. nach der Cala Mitjana treffen Sie auf die Strandbar beim Binigaus-Strand und damit auf den Camí de Cavalls (km 8,9).

Der Camí de Cavalls führt bei der Holztreppe geradeaus weiter, nach 100 m rechts abwärts über einen Holzbohlenweg und kurz darauf rechts am Parkplatz vorbei. Hinter dem Picknickplatz mit Tischen und Bänken geht es links (Schild: „Sant Tomàs 9,3 km") weiter, durch Wald und kurz darauf aufwärts durch ein Tal. Der Camí de Cavalls quert bald darauf verschiedene, teilweise bewaldete private Ländereien und Mauern. Er ist aber gut markiert, was ganz im Interesse der Landeigentümerinnen und Landeigentümer ist, damit vom Weg abgekommene Wanderinnen und Wanderer nicht orientierungslos auf ihrem Grund und Boden umherirren. Vor Einrichtung des Camí de Cavalls war diesen der Zutritt zu großen Teilen dieses Gebietes untersagt.

1 Std. 30 Min. nach Cala Galdana (km 5,8) verläuft der Camí de Cavalls auf einem Holzbohlenweg durch ein schluchtartiges Tal (*Barranco de Sa Cova*), auf Menorca *barranc* genannt. Diese im Süden recht häufigen Täler führen nach bzw. bei Regen oft Wasser. Für diesen Fall liegen in kleinen Abständen Steine im Talboden, damit die *barrancs* trockenen Fußes gequert werden können. Nach dem Tal folgt der längste Anstieg des Tages (60 Höhenmeter).

Nach 30 Min. queren Sie eine weitere *barranc* (km 8,4), die dichter bewachsene **Escorxada-Schlucht** ❹ mit alten Mauern im Tal. Nach 10 Min. leichten Anstiegs passieren Sie an beiden Seiten tiefe, eingezäunte Löcher im Felsen, wo früher Steine abgebaut wurden. 150 m weiter geht es durch zwei Gatter und bei einer Kreuzung geradeaus.

30 Min. nach der Escorxada-Schlucht erreichen Sie in einem Tal (*Barranc de Binigaus*) eine T-Kreuzung mit einer Viehtränke (km 10,4). Der Camí de Cavalls führt rechts leicht aufwärts Richtung Küste (Schild: „Sant Tomàs 1,5 km").

Variante zur ∩ Cova des Coloms (➲ 2 x 2 km) und weiter nach Es Migjorn Gran (➲ einfach 4 km)

Ein Abstecher führt Sie zu zwei Höhlen, darunter die größte Menorcas. Bei der Viehtränke biegen Sie links ab und halten sich nach 10 Min. bei einer Gabelung rechts. Nach 10 Min. können Sie rechts zur ersten Höhle abbiegen, der kleineren

Cova de na Polida. Geradeaus sind es noch etwa 5 Min. bis zur **Cova des Coloms**, der größten Höhle Menorcas, die in vorgeschichtlichen Zeiten vermutlichen rituellen Zwecken diente. Mit ihren Ausmaßen von 300 m Länge und 24 m Höhe verdient sie ihren Beinamen „Kathedrale". Beide Höhlen können kostenlos besichtigt werden.

Zurück gehen Sie denselben Weg zur Viehtränke und dort geradeaus weiter auf dem Camí de Cavalls. Oder Sie wandern von der Cava des Coloms noch etwa 1 km landeinwärts die Schlucht hinauf und ein kurzes Stück entlang der Straße bis zu einer Unterkunft:

Rural Binigaus Vell, Camí De Sa Mala Garba/Camí de Binigaus, ☏ 971 05 40 50, www.binigausvell.com, DZ ab etwa € 180, kleines, aber feines hochpreisiges 4-Sterne-Hotel mit 27 Zimmern und Suiten sowie Pool auf ehemaliger Finca in ländlicher Umgebung

Wenn Sie dem Weg noch weiter aufwärts folgen, erreichen Sie 2 km nach der Cova des Coloms die Ortsmitte von **Es Migjorn Gran** – ein schönes Dorf mit 1.400 Einwohnerinnen und Einwohnern – mit weiteren Einrichtungen.

Es Migjorn Gran

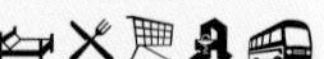

- Hotel S'Estil·let, Carrer Major 54, 659 88 78 14, hola@hotelestilet.com, www.hotelestilet.com, DZ ab etwa € 110, stilvolles Hotel im Zentrum
- Restaurante Ca na Pilar, Avinguda de la Mar 1, ☏ 971 37 02 12, www.canapilar.com, Di-So 13:00-14:30 und 20:00-22:00, am Kreisverkehr nördlich des Ortes
- Restaurante Can Toni, Carrer Major 71, Do-So 13:00-15:00 und ab 19:30, zentrale Lage
- Supermercado Cooperativa San Crispin, Avinguda Binicudrell 11, Mo-Sa 8:30-20:30
- Farmàcia Moll Mercadal, Carrer Major 179, ☏ 971 37 05 64, Mo-Fr 9:00-13:30 und 17:00-20:30, Sa 9:00-13:30
- Busverbindungen nach Maó (Linie 71, € 2,90) und Ciutadella (72, € 3,70) mehrmals täglich, www.tmsa.es.

Nach wenigen Minuten erreichen Sie den Strand Binigaus.

Platges de Binigaus ❺ ist ein bei Einheimischen beliebter und entsprechend frequentierter Strand, allerdings ohne Service-Einrichtungen und 10 Gehminuten von Sant Tomàs entfernt.

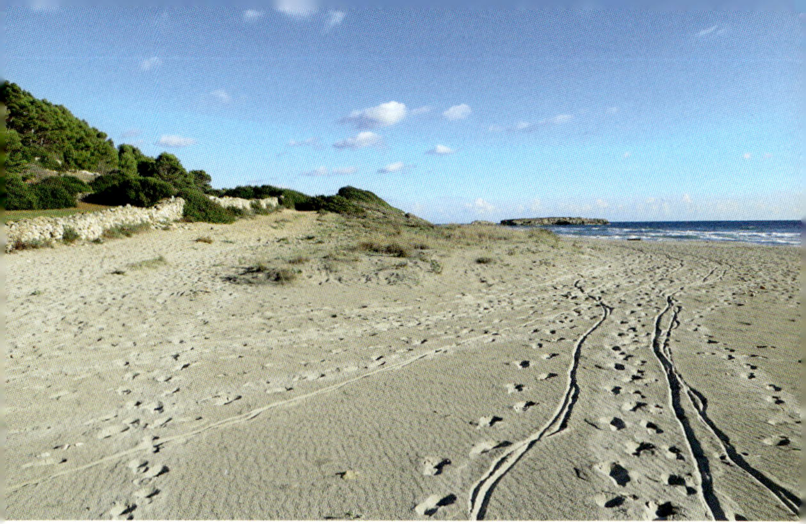

Platges de Binigaus (b)

Kurz hinter der Bar bieten sich bei einer Gabelung für den weiteren Weg zwei Möglichkeiten an: entweder links auf dem Camí de Cavalls etwas oberhalb der Küste oder ↳ rechts zum Strand und an diesem entlang. Beide Varianten kommen nach 300 m wieder zusammen und führen auf dem Camí de Cavalls entlang der Küste nach Sant Tomàs, wo sich gleich zu Beginn das ✕ Café/Restaurant Es Bruc mit seiner Aussichtsterrasse für eine Erfrischung anbietet.

Sant Tomàs

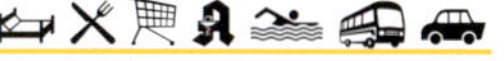

🛏 Die meisten Hotels sind nur in der Saison geöffnet und einige verlangen eine Mindestaufenthaltsdauer von 3 Nächten (z. B. das erstgenannte). Eine Auswahl:

- Hotel Victoria, Playa Santo Tomás, ☏ 971 37 02 00, 💻 www.stilhotels.com → Victoria Playa, DZ mit HP ab etwa € 75, mindestens 3 Nächte, 3-Sterne-Hotel am südlichen Ortsrand direkt am Strand, recht neues Hotel von 1987 mit 226 Zimmern
- Hotel Santo Tomàs, Playa Santo Tomás H2, ☏ 971 37 00 25, 💻 www.sethotels.com → Hotel Santo Tomàs, DZ ab € 110, gehobenes Hotel (4 Sterne) mit 85 Zimmern, alle mit Balkon. Das Hotel bietet neben einem Pool mehrere Wellnesseinrichtungen, u. a. Jacuzzi, Sauna und Dampfbad.
- Globales Lord Nelson Hotel, Playa de Santo Tomás, ☏ 971 37 02 25, 💻 www.hotelesglobales.com → Menorca → Globales Lord Nelson Hotel, DZ ab etwa € 100, Hotelhochhaus im 4-Sterne-Bereich mit fünf Etagen

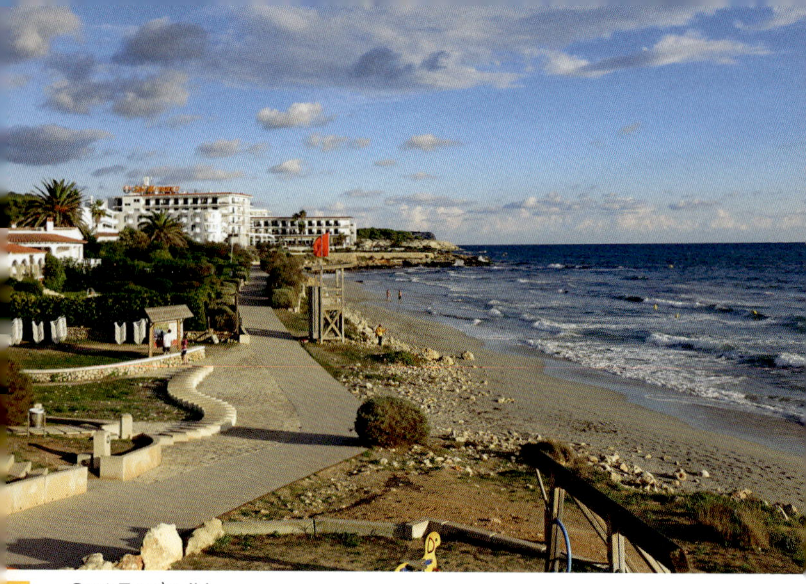

Sant Tomàs (b)

- Apartamentos Mestral i Llebeig, ☏ 971 37 03 70, www.sethotels.com → Apartamentos Mestral y Llebeig, Appartement ab € 55, günstigere Unterkunft in der zweiten Reihe, nicht direkt an der Küste
- Bar Chiringuito Es Bruc, ☏ 971 37 04 88, www.esbruc.restaurant, in der Saison Mo-Fr 12:30-18:00, Sa/So 11:00-19:00, direkt am Strand mit einladender Terrasse
- Supermercado 2001, in der Saison täglich 8:30-21:00, am Südostrand von Sant Tomàs, sowie weitere kleine Supermärkte entlang der Promenade
- Farmacia Lda. Ana-Britt Sánchez Tuomala, 620 08 23 79, www.farmastocksonline.com, Mo-Fr 9:00-13:00, am Südostrand von Sant Tomàs
- Buslinien 71/72 nach/von Es Migjorn Gran und von dort weiter – mal mit, mal ohne Umsteigen – nach Maó oder Ciutadella (jeweils ab Sant Tomàs etwa € 3,50). Verbindungen in der Touristensaison Mo-Sa mehrmals täglich, TMSA, ☏ 971 36 04 75, www.tmsa.es
- Radio Taxi, ☏ 699 00 77 90, info@taxismenorca.com, www.taxismenorca.com. Das Taxi kostet nach Ciutadella oder Maó jeweils etwa € 37.

Sant Tomàs ist ein beliebter Urlaubsort an der Südküste von Menorca, dessen schöner Strand nicht ganz so überlaufen ist wie im benachbarten Son Bou. Die Namen der Hotels (Lord Nelson, Hamilton Court, Victoria) lassen es schon erahnen: Hier überwiegen britische Besucherinnen und Besucher bzw. Badegäste. Trotz der touristischen Erschließung ist das Dünensystem erstaunlicherweise gut erhalten. Über die Dünenkette führt als Uferpromenade ein Fußgängerweg bzw. der Camí de Cavalls entlang.

An der Küste erinnern Verteidigungsanlagen an die Zeit des Spanischen Bürgerkriegs.

10. Etappe: Sant Tomàs – Cala en Porter

14,8 km, 4-5 Std., ↑ 330 m, ↓ 305 m, ⇧ 0-77 m, optional 13,3 km

0,0 km	⇧ 2 m	Sant Tomàs
6,3 km	⇧ 10 m	Son Bou (Ortsmitte) ⌘
7,7 km	⇧ 2 m	Cala Llucalar
10,3 km	⇧ 60 m	Abzweig Torre d'en Galmés ⌘
14,8 km	⇧ 30 m	Cala en Porter

Zunächst folgen Sie der Uferpromenade und wandern entlang der flachen Küste. Vor Son Bou umgehen Sie die Lagune Prat de Son Bou landeinwärts, ehe Sie der Camí de Cavalls durch die lang gestreckte Urlaubssiedlung führt. Alternativ können Sie über den längsten Sandstrand der Insel wandern und eine vorgeschichtliche Basilika besuchen. Nach Son Bou geht es durch eine anfangs einsame, zerklüftete Landschaft, durch verwilderte Olivenhaine und Schluchten, Letztere mit Obstbaumplantagen. Unterwegs ist ein Abstecher nach Torre d'en Galmés möglich, einer sehenswerten talaiotischen Siedlung. Vom Landesinneren kommend erreichen Sie den beliebten Urlaubsort Cala en Porter.

Der Camí de Cavalls verläuft entlang der Uferpromenade von Sant Tomàs 1 km ostwärts. Am Ende der Promenade gehen Sie rechts hinunter zum Strand (Schild: „Son Bou 5,4 km") und folgen dort links dem Weg über Felsen und Sand. Kurz darauf erwartet Sie eine kultivierte Landschaft. Nach 40 Min. erreicht der Camí de Cavalls eine Holzbrücke ❶ vor dem Platges de Son Bou (km 2,4), führt danach links Richtung Landesinnere und um die Lagune von Son Bou herum (Schild: „Son Bou 4,1 km").

↳ Variante am Strand entlang und zur vorgeschichtlichen Basilika (➲ 1,6 km weniger)

Statt um die Lagune herum können Sie am 2,5 km langen Strand bis zum Ende von Son Bou wandern. Damit versäumen Sie zwar die Lagune, vermeiden aber gleichzeitig 2 km Asphaltstraße durch Son Bou.

Ab der Holzbrücke folgen Sie dem Sandstrand, barfuß geht es sich besonders angenehm! Am Ende des Strandes gehen Sie links über die Holzstufen und bei Abzweigungen geradeaus entlang dem Schotterweg landeinwärts hinauf. 50 m rechts liegt die vorgeschichtliche Basilika von Son Bou (Eintritt frei) – dorthin lohnt sich bei der Gabelung ein kurzer Abstecher.

✞ Basilika von Son Bou (☞ S. 134)

Am östlichen Ortsende stehen oberhalb der Küste eingerahmt von Mauern die Ruinen einer frühchristlichen Basilika, deren Entstehung auf das 5./6. Jh. datiert wird. Während dieser Zeit nahm Menorca Einflüsse aus Afrika oder dem Orient auf. Nach einem Brand im 8. Jh. geriet die Basilika in Vergessenheit. Die Ruinen wurden 1951 entdeckt und restauriert.

Die Basilika hatte die Form eines Rechtecks von 25 x 12 m und war in Ost-West-Richtung orientiert. Die drei Kirchenschiffe waren durch Säulenreihen voneinander getrennt. Der Chor mit halbrunder Apsis lag im zentralen Bereich. Eine Besonderheit bildete das große zylindrische monolithische Taufbecken mit einem ausgehöhlten Weihwasserbecken in Form eines Kreuzes bzw. eines vierblättrigen Kleeblattes.

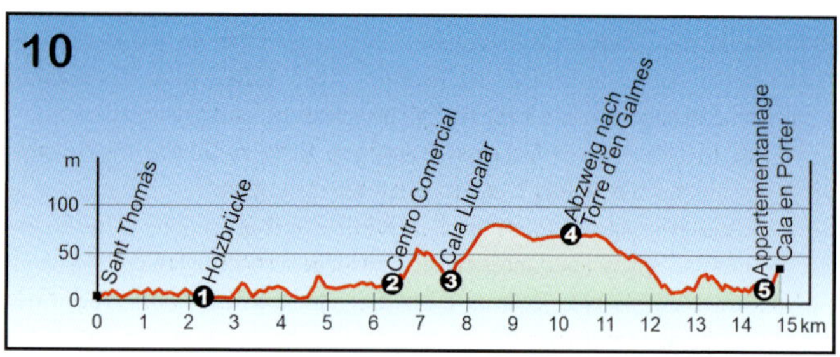

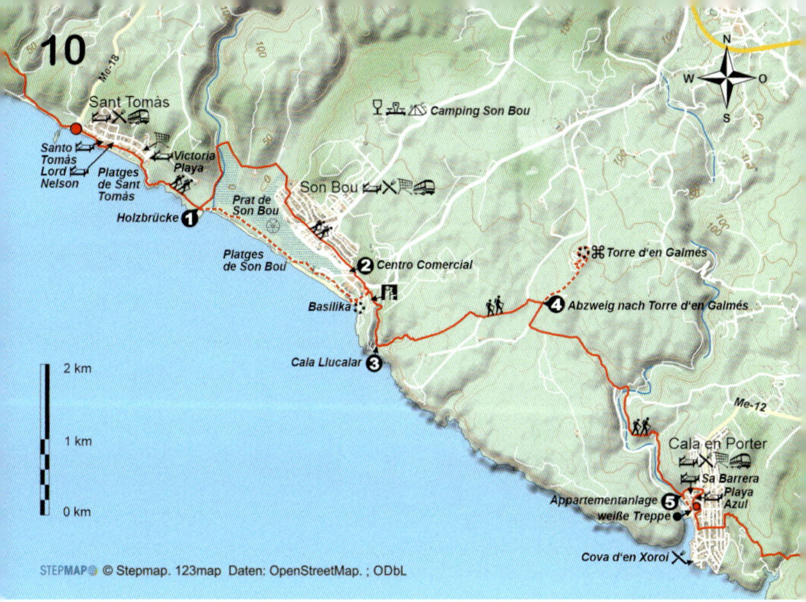

Der Schotterweg führt auf eine Straße zu, der Sie rechts aufwärts folgen. Nach 200 m zweigt rechts ein Pfad ab: der Camí de Cavalls, den Sie hinaus aus Son Bou entlanggehen (Schild: „Cala en Porter 7,9 km").

Nach 30 Min. Wanderung um die Lagune kündigen erste Häuser den Beginn der Urlaubssiedlung Son Bou an (km 4,6). Bei der ersten Gabelung gehen Sie links aufwärts in eine Einbahnstraße (Son Bou 1,7 km, rot-weiß markiert), rechts vorbei am roten Gebäude des Hotels „Jardin de Menorca".

Son Bou & Prat de Son Bou

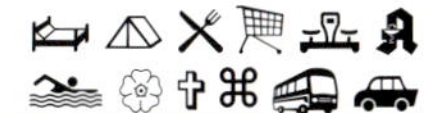

- Jardin de Menorca, ☏ 971 37 80 40, hgjardindemenorca@grupohg.com, www.hghoteles.com → Menorca → Jardin de Menorca, DZ ab € 90, 4-Sterne-Hotel am nördlichen Ortsrand von Son Bou, nahe der Lagune
- ♦ Sol Milanos Pinguinos, Playa de Son Bou, ☏ 971 37 12 00, sol.milanos.pinguinos@melia.com, www.melia.com/en/hotels → Spain → Menorca → Sol Milanos Pinguinos, DZ ab € 65, große 3-Sterne-Hotelanlage direkt am Strand, nahe der Basilika

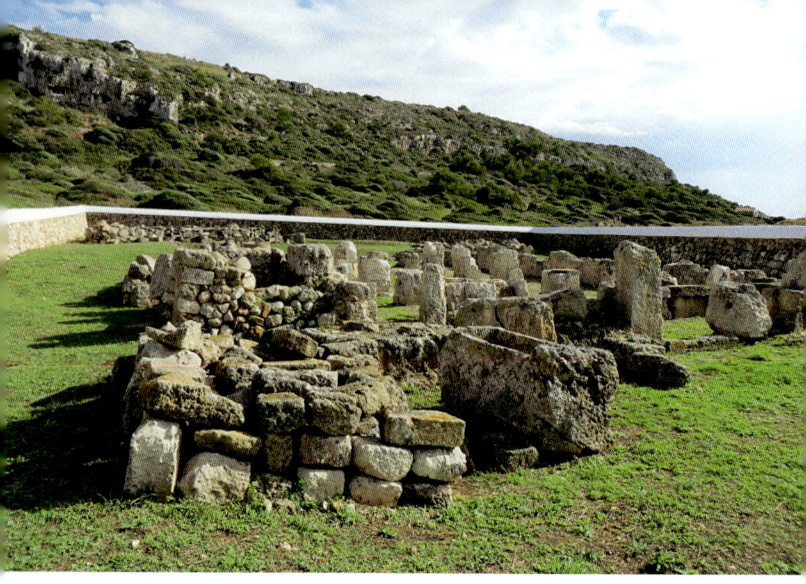

Die Basilika von Son Bou (b)

Camping Son Bou, Ctra. de Sant Jaume, ☏ 971 37 27 27, info@campingsonbou.com, www.campingsonbou.com (u. a. auf Deutsch), Ende April bis Ende September, ab € 21, große, 1996 eröffnete Campinganlage mit vielen Pinien, Bar, Restaurant, kleinem Supermarkt, mit Pool, 2,5 km landeinwärts. Auch feste Unterkünfte sind vorhanden (Chalets, möbliertes Zelt), ab € 30 pro Nacht zzgl. Reinigungsgebühr von € 85!

mehrere Einkehrgelegenheiten in der Ortsmitte im und am Centro Comercial Son Bou, etwa Casa Andres, ☏ 971 37 19 18, täglich 13:00-16:00 und 19:00-23:00

kleine Läden in der Ortsmitte im Centro Comercial Son Bou, großteils nur in der Touristensaison geöffnet, etwa Supermarket La Masia am Kreisverkehr nahe der Basilica, ☏ 871 53 89 16, täglich 8:00-21:00

Farmacia Son Bou, Centro Comercial, ☏ 971 37 83 95, im Einkaufszentrum der Ortsmitte, Mo-Fr 9:30-13:30 und 16:30-19:00, Sa 9:30-13:30

Buslinien 32 von/nach Maó über Alaior (€ 2,40) von Juni bis September sowie 36 von/nach Ciutadella (€ 5), zuletzt nur noch selten (nicht in Hauptsaison), TMSA, ☏ 971 36 04 75, www.tmsa.es

Radio Taxi, ☏ 699 00 77 90, info@taxismenorca.com, www.taxismenorca.com. Das Taxi kostet von/nach Maó ab € 28.

Son Bou ist ein lang gezogener Ort, dessen rund 3 km langer Sandstrand als längster Strand Menorcas gilt; entsprechend touristisch geprägt ist der Ort, wobei Appartements überwiegen, die hinter Dünen eine lang gestreckte Häuserreihe bilden.

Südlich von Son Bou erstreckt sich, vom Meer durch Dünen abgetrennt, das mit 80 ha zweitgrößte Feuchtgebiet Menorcas: **Prat de Son Bou**. Wo sich heute Frösche und viele Wasservögel tummeln, wurde früher Reis angebaut. Die Vegetation der Lagune wird geprägt von Schilfrohr (*Phragmites australis*), Echter Zaunwinde (*Calystegia sepium*) und Schmalblättrigem Rohrkolben (*Typha angustifolia*). Am Ufer gedeihen vor allem Tamarisken und Strandbinse (*Scirpus maritimus*). Bedeutende Brutvögel sind Stockente, Blesshuhn und Teichralle.

Die rot-weißen Markierungen sind in Son Bou stellenweise spärlich, daher eine kurze Wegbeschreibung: Kurz nach dem roten Hotelgebäude folgen Sie bei der Straßenkreuzung rechts abwärts der Carrer es cul de sa Galera. Bei der zweiten Querstraße biegen Sie links ab (rechts Schild „Villa Albaida") und folgen dieser Einbahnstraße durch die lang gestreckte Appartementsiedlung. Nach 1,2 km passieren Sie rechts das Centro Comercial mit Einkehr- und Einkaufsgelegenheiten in Son Bou (km 6,3). Nach 100 m, beim Kreisverkehr am östlichen Ortsende, folgen Sie der Hauptstraße geradeaus, um nach 150 m rechts in die hinunterführende Einbahnstraße zu biegen. Nach 30 m zweigt links der Camí de Cavalls auf einem Pfad ab (Schild: „Cala en Porter 7,9 km"). Unterhalb von Ihnen liegt an der Küste die vorgeschichtliche Basilika von Son Bou.

Beim folgenden Anstieg lohnt sich ein kurzer Abstecher nach rechts zu einem schönen Aussichtspunkt auf Son Bou – mit den Ruinen der Basilika.

Der Camí de Cavalls führt bald durch privates Jagdgebiet und eine beeindruckende Schlucht mit hohen Kalksteinwänden. 15 Min. nach Son Bou passieren Sie **Cala Llucalar ❸** (km 7,7), eine schmale Bucht mit Steinstrand zwischen steilen Felswänden, die ein beliebtes Revier zum Freeclimben bilden. An einer Felshöhle vorbei geht es auf dem Pfad aufwärts und wieder in das Landesinnere, durch mehrere Gatter und eine weitere Schlucht.

Der Camí de Cavalls folgt einer kleinen asphaltierten Straße für 700 m und zweigt dann in einer Linkskurve rechts ab. Nach 150 m erreichen Sie nach einem Gatter einen breiten Weg aus grobem Sand bzw. Schotter ❹ (km 10,3). Der

Camí de Cavalls führt rechts entlang (Schild: „Cala en Porter 4,3 km"). Für Kulturinteressierte lohnt sich ein Abstecher nach links zur größten archäologischen Ausgrabungsstätte Menorcas:

↳ Variante nach Torre d'en Galmés (➲ 2 x 1 km)

Torre d'en Galmés, die größte vorgeschichtliche Ausgrabungsstätte Menorcas, ist einfach zu erreichen, indem Sie dem breiten Sand-/Schotterweg nach links folgen (1 km).

✋ Sie sollten zuerst länger geradeaus und dann links bis zum Vordereingang an der Nordseite gehen, weil nur dort ein Ticket gelöst werden kann. Zurück können Sie den südlichen Hinterausgang nutzen, der näher an der Abzweigung des Camí de Cavalls liegt.

⌘ Torre d'en Galmés

Torre d'en Galmés (menorquinisch *Torre d'en Gaumés*) ist die größte Talaiotsiedlung der Balearen und liegt strategisch günstig auf einem Hügel. Am höchsten Punkt erheben sich zentral drei Talaiots und eine Taula (☞ Vorgeschichte, S. 20), deren Kapitellstein heruntergestürzt ist und in geschichtlicher Zeit ausgehöhlt als Wassertrog genutzt wurde. Die etwa 3.000 Jahre alte Siedlung wurde in den 1940er-Jahren ausgegraben, aber schon 1818 von Archäologen erwähnt. Vermutlich hatten alle Steinbauten Kultfunktion und die hufeisenförmigen Taula-Anlagen dienten wahrscheinlich religiösen Zwecken. Nach außen begrenzt wurde die Siedlung durch Steinmauern oder Hauswände. Der großzügige Siedlungskern breitete sich mit der Zeit nach Süden aus.

Prototyp der talaiotischen Gebäude war ein Rundbau mit Doppelwänden, dessen Außenwand größer war als die Innenwand. Innen waren die Häuser durch radial angeordnete Wände aufgeteilt, mit einem Hof im Zentrum, wo sich die Feuerstelle und eine in den felsigen Boden gehauene Zisterne befanden.

Vom Eingang kommend geht man durch den Korridor zum zentralen Innenhof mit Zisterne und Feuerstelle. Um den Hof lagen Küche, Werkstätten und Lager. Im Süden der Anlage ist der Säulensaal erwähnenswert („Sala Hipostila"), der früher vermutlich als Vorratskammer gedient hat. Auffällig im Süden der Anlage ist das Auffang- und Verteilsystem für Regenwasser: In Felsmulden gesammeltes Regenwasser wurde durch Rinnen in unterirdische Zisternen geleitet. Dazwischen lagen mit kleinen Steinen gefüllte Aushöhlungen, die wohl als Filter dienten.

♦ www.menorcamonumental.net → Visit the Sites → Talayotic settlement of Torre d'en Galmés, Ende März bis Ende Oktober Mi-So 9:15-20:30, Di 9:00-15:45 gegen Eintritt € 3, Mo und Ende Oktober bis Ende März freier Eintritt

Sie wandern auf dem Schotter-/Sandweg geradeaus, auch bei den nächsten Abzweigungen. Nach 300 m folgen Sie bei einer Kreuzung vor neuen Gebäuden dem Camí de Cavalls nach links und weiter geradeaus. Nach 1,7 km geht es nach einem Haus durch eine Rechtskurve und über eine Brücke. Der Camí de Cavalls führt jetzt durch den breiten Talboden der Barranc de Cala en Porter, auf dessen fruchtbarem Sedimentboden Obstbaumplantagen angelegt sind. Früher gab es auch Terrassen für Obstbäume.

Auf einem zuletzt etwas schmaleren, aber normalerweise regelmäßig freigeschnittenen Weg erreichen Sie die ersten Gebäude von Cala en Porter ❺: rote Appartements. Der Wegweiser für den Camí de Cavalls zeigt nach links (Schild: „Binissafuller 11,8 km") zur Straße hinauf in den Ort Cala en Porter. Viel schöner

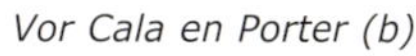

Vor Cala en Porter (b)

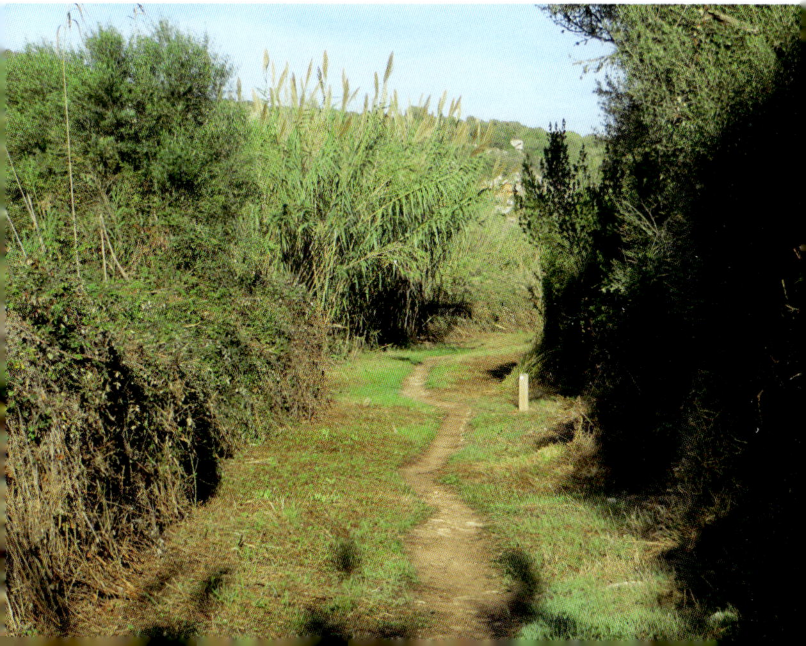

(und kürzer) ist der Treppenweg hinauf: Dazu folgen Sie vor dem roten Appartementgebäude der Straße rechts südwärts zur Küste. Nach 200 m gehen Sie am Ende des Parkplatzes links die weiße, breite Treppe hinauf, die bei der Bushaltestelle von Cala en Porter endet, vor der großen Hotelanlage Playa Azul.

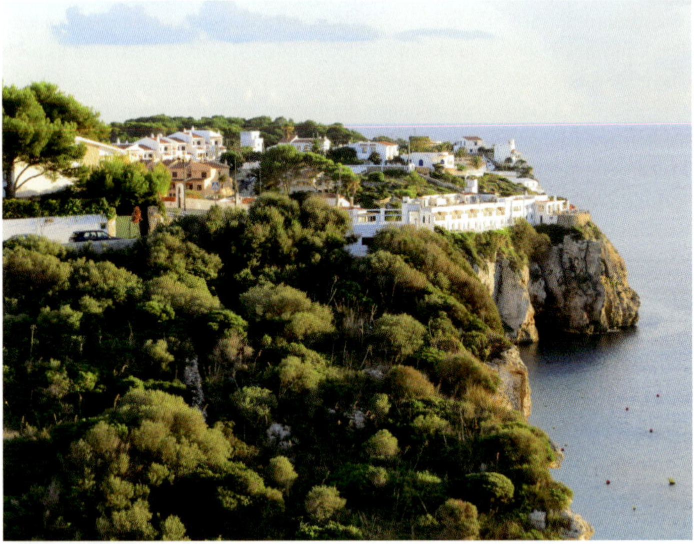

Cala en Porter (b)

Cala en Porter

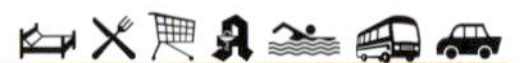

Hotel Playa Azul, Paseo Marítimo 27, ☏ 971 37 74 21, www.sethotels.com → Playa Azul, DZ ab € 80, 3-Sterne-Hotelanlage mit 82 Zimmern, nur 200 m vom Strand entfernt, steil oberhalb vom Tal und Strand – entsprechend gut ist die Aussicht (bei Zimmer mit Meerblick). Das Restaurant erinnert vom Ambiente her an eine Betriebskantine.

♦ Hotel Sa Barrera, Calle Sa Barrera 12, ☏ 971 37 71 26, www.sabarrera.com, DZ ab € 95, kleineres, von Italienern geführtes Hotel mit 26 Zimmern in einer Seitenstraße, stilvoll eingerichtet, z. B. mit mosaikartig gefliesten Waschbecken. Der Eingang ist eher bescheiden, dafür überrascht das großzügigere Innere der Anlage mit großem Pool.

Cova d'en Xoroi, www.covadenxoroi.com, in der Nebensaison täglich ab 15:00, am Wochenende und in der Hauptsaison täglich ab etwa 12:00. Spektakulär gelegene Bar mit schöner Terrasse direkt am Felsen. Darüber hinaus gibt es viele weitere Lokalitäten im Ort, von denen auch einige ganzjährig geöffnet sind.

mehrere kleinere Supermärkte im Ortszentrum, von denen die meisten nur von April bis Oktober geöffnet sind

Farmacia, Carrer de l'Església, 971 37 77 44, Mo-Fr 9:30-13:30

Buslinie 31 von/nach Maó (€ 1,75), Haltestelle gegenüber dem Hotel Playa Azul, direkt am Treppenaufgang. Abfahrten ab Cala en Porter Mo-Sa mehrmals täglich, in der Hauptsaison beinahe stündlich, TMSA, 971 36 04 75, www.tmsa.es

Radio Taxi, 699 00 77 90, taxi@taxismenorca.es, www.taxismenorca.com. Das Taxi kostet von/nach Maó etwa € 22.

Cala en Porter ist ein beliebter Badeort mit architektonisch nicht immer gelungenen Appartement- und Hotelkomplexen an der Ostseite der gleichnamigen Bucht mit breitem Strand, der aus den Sedimenten der Barranc de Cala en Porter gebildet wurde. Vor allem bei Britinnen und Briten ist Cala en Porter beliebt, dessen Reiz in der guten Erreichbarkeit liegt: Zum Flughafen sind es nur 15 und zur Inselhauptstadt Maó 20 Autominuten.

11. Etappe: Cala en Porter – Punta Prima

19,3 km, 5-6 Std., ↑ 280 m, ↓ 310 m, ⇧ 0-62 m

0,0 km	⇧ 30 m	Cala en Porter
1,9 km	⇧ 40 m	Abzweig Cales Coves (∩)
5,4 km	⇧ 25 m	Es Canutells
13,5 km	⇧ 15 m	Binibèquer Vell
19,3 km	⇧ 2 m	Punta Prima

Von Cala en Porter folgen Sie dem Camí de Cavalls abwärts und erreichen die malerische Bucht von Calas Coves mit Höhlen. Weiter geht es über Es Canutells und durch Ulmenwald sowie über landwirtschaftlich genutzte Flächen. Hinter Es Canutells erwartet Sie ein Feuchtgebiet, ehe Sie später die zwei kleinen Schluchten Binidali und Biniparratx queren. Danach beginnt der dichter besiedelte Südosten Menorcas mit seinen vielen Urlaubssiedlungen. Beliebte Buchten bzw. Strände nahe der Route sind Binibèquer Vell und Binisafúller.

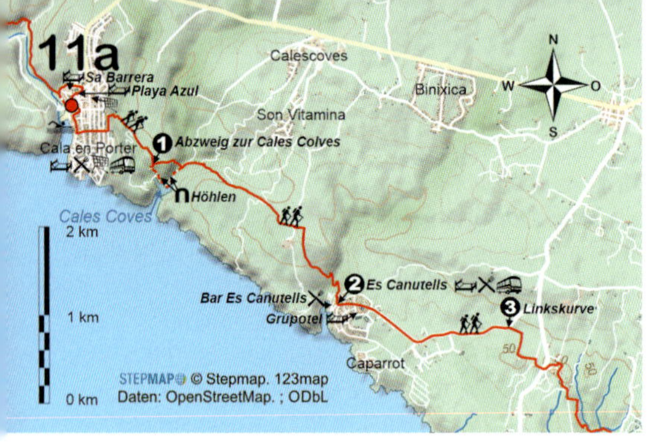

Von der Bushaltestelle beim Hotel Playa Azul oberhalb vom Strand folgen Sie der Straße ostwärts. Beim Kreisverkehr gehen Sie rechts (Passeig Maritim) und genießen die Sicht auf die weite Bucht Cala en Porter. Nach 5 Min. passieren Sie die Villa Elena. Gleich danach nehmen Sie links die (erste) Straße (Travessia de l'Avinguda Central) und folgen dieser geradeaus bis zum Ende vor Müllcontainern und einer Skatingbahn. Hier biegen Sie links in die Sackgasse ab, um nach 100 m beim Straßenende rechts dem markierten Weg abwärts zu folgen (Camí de Cavalls). Nach 30 Min. (km 1,9) führt der Camí de Cavalls links durch ein Gatter mit Abstechermöglichkeit zur Cales Coves ❶.

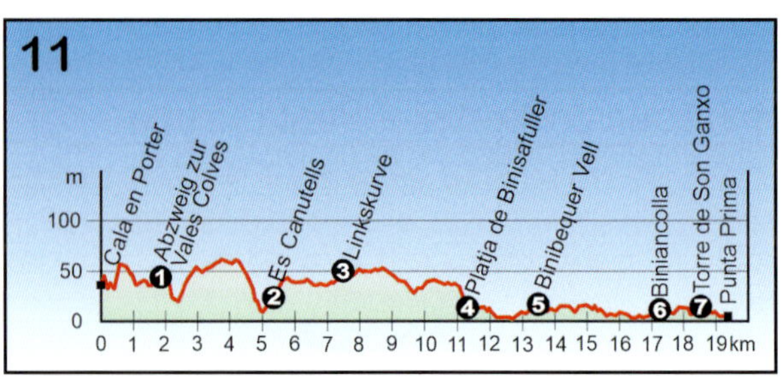

Variante zur Höhlenbucht Cales Coves

(➲ zusätzlich 200 m)

Bei dem Linksschwenk des Camí de Cavalls durch ein Gatter folgen Sie dem Pfad geradeaus, der erst durch ein Metalltor und dann auf die Bucht Cales Coves zuführt. Sie folgen dem Pfad links oberhalb der Bucht entlang, vorbei an einigen (vergittert) Höhlen. 700 m nach der Abzweigung erreichen Sie 100 m landeinwärts von der Bucht wieder den Camí de Cavalls.

∩ Cales Coves

Die idyllischen und bei Bootsfahrerinnen und Bootsfahrern beliebten Höhlenbuchten Cales Coves (*Calascoves*) sind bekannt für ihre mehr als 90 Felskammergräber, die in der lang gestreckten Doppelbucht auf zwei Steilküsten verteilt sind. Manche Gräber können nur mit Leitern oder abgeseilt erreicht werden. Die Höhlen dienten früher Begräbniszwecken; vermutlich soll hier die größte menorquinische Nekropole des ersten vorchristlichen Jahrtausends gewesen sein. Funde und römische Inschriften der in den 1960er-Jahren ausgegrabenen Höhlen lassen vermuten, dass die Bucht danach von den Römern als Handelsstützpunkt genutzt wurde.

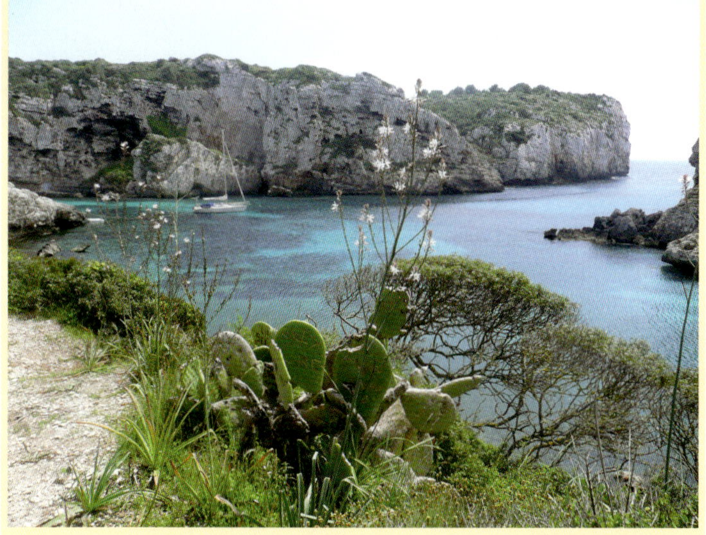

Cales Coves (ub)

Warum viele Höhlen vergittert sind? In den 1990er-Jahren richteten sich Aussteigerinnen und Aussteiger in den vorgeschichtlichen Höhlen häuslich ein. Nachdem diese dort zu viel Schmutz verursachten, wurden die Grotten nach einer Säuberungsaktion schließlich 2000 vergittert.

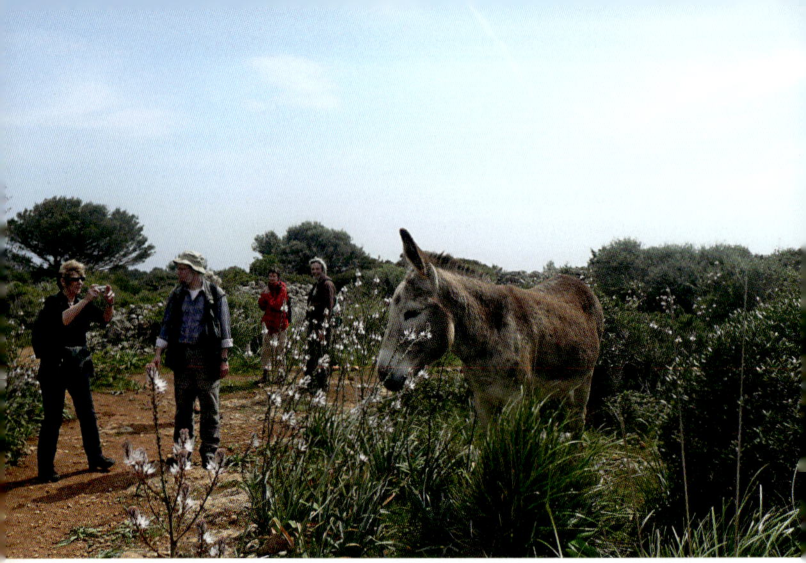

Fotoshooting bei den Cales Coves (ub)

Der Camí de Cavalls führt zunächst durch einsame Landschaft mit Wald und offenem Gelände sowie zuletzt durch die verwilderten Olivenhaine von Binicalaf zum nächsten größeren Urlaubsort, Es Canutells ❷ (km 5,4).

Es Canutells

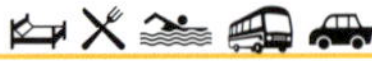

Grupotel Mar de Menorca, Cala Canutells, ☎ 971 15 31 00, www.grupotel.com → Hotels → Mar de Menorca, DZ ab etwa € 55, Hotel der TUI-Gruppe

Bar-Restaurant Es Canutells am Strand, Diseminado Canutells, ☎ 971 18 89 34, restauranteescanutells.com, in der touristischen Saison täglich 12:00-18:00

Buslinie 22 von/nach Maó (€ 1,75), Abfahrten ab Canutells in der Nebensaison Mo-Sa 9:00, 13:00, 17:15, 19:15, in der Hauptsaison häufiger, TMSA, ☎ 971 36 04 75, www.tmsa.es

Radio Taxi, 699 00 77 90, info@taxismenorca.com, www.taxismenorca.com. Das Taxi kostet von/nach Maó ab € 20.

Der Urlaubsort Es Canutells liegt an einer kleinen Bucht mit schmalem Sandstrand und oft vielen Fischerbooten. Das kleine Felsgebiet (Macar des Canutells) neben dem Strand ist über eine kleine Treppe und den Park erreichbar.

Der Sandstrand ist infolge einiger landseitiger Süßwasserquellen recht feucht und daher oft nicht so stark frequentiert wie andere Strände.

Ab Canutells folgt der Camí de Cavalls zunächst – weniger schön – der Hauptzufahrtsstraße ostwärts, vorbei an der Grupotel-Urlaubsanlage. Nach 30 Min. (km 7,5) verlassen Sie die Straße nach einer Linkskurve ❸ mit Parkstreifen und einfachem Holzgeländer nach rechts und folgen auf einem Fußweg dem Camí de Cavalls, der beim Parkplatz von Es Calo Blanc nahe der Feriensiedlung **Platja de Binissafúller** ❹ unter der Einflugschneise des Flughafens wieder an die Küste heranführt (km 11,4). Hier folgen Sie links der Straße, um nach 5 Min. (350 m) beim Anfang von Leitplanken rechts den Uferweg zu nehmen, der zur Urlaubssiedlung Binibèquer Vell führt (km 13,5), wo Sie der Küstenstraße geradeaus folgen, ehe der Camí de Cavalls eine Rechtsschleife in die Ortsmitte von **Binibèquer Vell** ❺ macht.

Binibèquer Vell

Binivell Park, Complejo Binibeca Vell, ☏ 971 15 04 12, www.apartamentosbinivellpark.com, Mai bis September, Studio ab € 55, stilvolle Ferienanlage der 70er-Jahre im traditionellen Stil, einem Dorf nachempfunden

Restaurante en Binibeca-Bar Piscina Es Furat, Carrer de S'Ancora 5, ☏ 971 15 74 75, in der Saison Mi-Mo 11:00-23:00

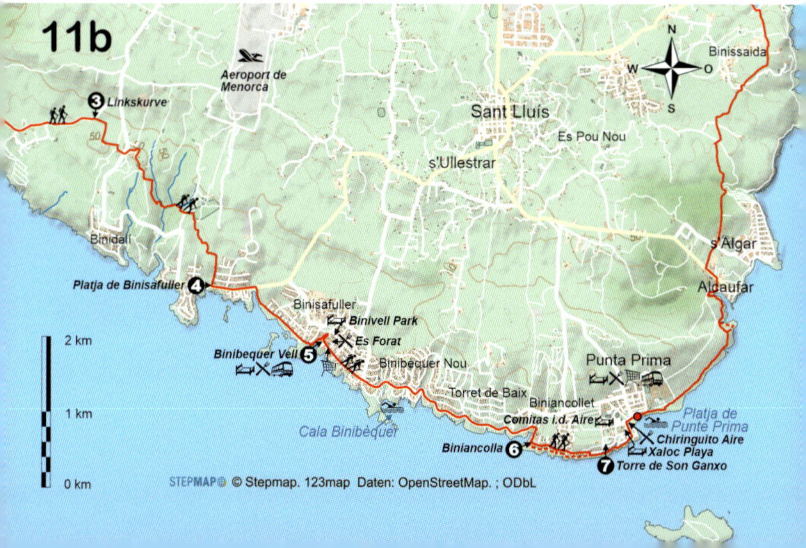

11b
Aeroport de Menorca
❸ Linkskurve
Sant Lluís
Es Pou Nou
s'Ullestrar
Binissaida
N W O S
Binidali
s'Algar
Alcaufar
Platja de Binisafuller ❹
Binisafuller
Binivell Park
Es Forat
Binibequer Vell ❺
Binibequer Nou
Punta Prima
Torret de Baix
Biniancollet
Comitas i.d. Aire
Cala Binibèquer
Platja de Punte Prima
Chiringuito Aire
Xaloc Playa
Biniancolla ❻
❼ Torre de Son Ganxo
2 km
1 km
0 km
STEPMAP © Stepmap. 123map Daten: OpenStreetMap. ; ODbL

zwei Supermärkte: spar, Carrer des Timó, ☏ 971 18 56 98, in der Touristensaison täglich 8:30-20:30, und Next2Supermarkets, Carrer de S'Ancora, ☏ 682 71 06 83, in der Touristensaison täglich 8:30-21:00

Buslinie 93 von/nach Maó (€ 1,70), Abfahrten ab Binibèquer Uferpromenade oder Poblat Pescadores in der Saison (Mai bis Oktober) Mo-Sa mehrmals täglich, TMSA, ☏ 971 36 04 75, www.tmsa.es

Radio Taxi, 699 00 77 90, info@taxismenorca.com, www.taxismenorca.com. Das Taxi kostet von/nach Maó etwa € 20.

Die Feriensiedlung Binibèquer Vell ist bekannt für ihren Strand.

Der größte Strand im Südosten der Insel hat feinen weißen Sand und liegt zwischen Kalksteinfelsen mit schönem Ausblick.

Sie wandern weiter – weniger schön an der Straße – entlang der dicht besiedelten Südküste, wo eine Urlaubssiedlung an die nächste anknüpft. Immerhin gibt es Bürgersteige und zwischen Häusern und Bäumen Meerblick. Am Ende von **Biniancolla ❻** (km 17,4) folgt der Camí de Cavalls noch ein ganzes Stück der Straße und schwenkt erst nach 800 m rechts (Pas des Ses Tempestes) kurzzeitig auf einen Küstenpfad.

Küstenvariante (➲ gleichen Länge)

Schöner ist aber ab der Linkskurve am Ende von **Biniancolla ❻** die Küstenvariante. Dazu gehen Sie rechts (Pas es Pescadors) und am Ende links entlang des Küstenpfades – auf den man auch später auf Querwegen gelangen würde.

Kurz darauf ragt am südlichsten Punkt von Menorca links der 1787 von den Spaniern errichtete Wehrturm **Torre des Son Ganxo ❼** auf (km 18,5), heute nach einer Restaurierung eine Jugendherberge für Gruppen mit 15 Schlafplätzen. Kurz darauf erreichen Sie Punta Prima.

Punta Prima

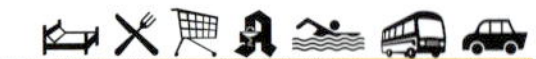

Comitas Isla del Aire, Carrer de Ponent s/n, ☏ 971 15 93 40, www.comitashotels.com/de → Unsere Hotels → Comitas Isla del Aire, ab € 80, Appartementkomplex nahe am Strand

♦ Xaloc Playa, c/ Major 21, ☏ 971 15 91 20, www.xaloc.com, DZ ab etwa € 70, 3-Sterne-Hotel am Strand mit 133 Zimmern

Bars und Restaurants entlang der Uferpromenade – dort, wo früher Dünen waren, etwa am Strand Chiringuito Aire, Carrer Major 22,
in der Touristensaison täglich 11:00-0:00

Supermercado Punta Prima, Passeig de s'Arenal 4, 871 53 89 19,
in der Touristensaison täglich 8:30-22:00

Farmacia Punta Prima, Passeig de s'Arenal 35, 971 15 93 26,
Mo-Sa 9:30-14:00 und 16:00-20:00, So 9:30-14:00

Buslinie 92 von/nach Maó (€ 1,70), Abfahrten ab Punta Prima, Hotel Pueblo in der Nebensaison (Hauptsaison häufiger) Mo-Sa in Saison stündlich, So und in Nebensaison seltener, TMSA, 971 36 04 75, www.tmsa.es

Radio Taxi, 699 00 77 90, info@taxismenorca.com,
www.taxismenorca.com. Das Taxi kostet von/nach Maó etwa € 20.

Punta Prima ist eine etwas in die Jahre gekommene Feriensiedlung an der Südostspitze Menorcas, wo es im Sommer vor allem von britischen Badeurlauberinnen und -urlaubern nur so wimmelt.

Der beliebte, etwa 100 m lange, feinkörnige Strand an der Südostspitze Menorcas besteht aus zwei Abschnitten: Der größere wird eher von Touristinnen und Touristen, der kleinere von Einheimischen besucht.

12. Etappe: Punta Prima – Maó

13,9 km, 4 Std., ↑ 200 m, ↓ 195 m, ⇧ 0-45 m

0,0 km	⇧ 2 m	Punta Prima
2,6 km	⇧ 20 m	Alcaufar
3,4 km	⇧ 20 m	erste Abzweigungen nach S'Algar
4,2 km	⇧ 10 m	zweite Abzweigungen nach S'Algar
7,2 km	⇧ 5 m	Cala de Sant Esteve ⌘
10,2 km	⇧ 15 m	Es Castell **B&B** ⌘
13,9 km	⇧ 1 m	Maó **B&B** ⌘

Zunächst folgen Sie der felsigen und sandigen, aber flachen Küste mit typischen Salzpflanzen. Rechts vor der Küste erhebt sich die Illa de l'Aire, eine kleine Insel mit Leuchtturm. Weiter geht es durch die kleine Bucht Cala Alcaufar mit wilden Oliven, Steineichen sowie Sandvegetation. Kurz darauf führt der Camí de Cavalls landeinwärts über steiniges Gelände mit Mulden, in denen zeitweise Wasser stehen kann. Weiter geht es durch Flachland mit ein paar wenigen Schluchten, etwa der von Klippen umgebenen Schlucht von Rafalet oder den kleinen Schluchten Binissaida und Sant Esteve. Über die ehemalige Garnisonsstadt Es Castell geht es in die Inselhauptstadt Maó. Das letzte Drittel führt fast ausschließlich über Straßen; der reguläre Wegverlauf sogar entlang einer Hauptstraße, während hier kleinere und küstennähere Straßen als wandergeeignetere Option beschrieben sind.

Von Punta Prima folgen Sie dem Camí de Cavalls zunächst entlang der Uferpromenade und weiter auf deutlichem Uferweg vorbei am öffentlichen Park San Sivina zur Linken und einer ehemaligen Saline zur Rechten. Weiter geht es durch unbebaute Landschaft entlang der Küste.

Nach 1,8 km bietet sich rechts ein kurzer Abstecher ❶ zum 1785 von den Spaniern errichteten Wehrturm **Torre de S'Alcaufar** an.

Abstecher zum Torre de S'Alcaufar (➲ 100 m länger)

Rechts führt Sie der Pfad nach 100 m zum sichtbaren Wehrturm, von dem Sie links entlang der Küste wieder zum Camí de Cavalls gehen, dem Sie weiter nordwärts nach Alcaufar folgen.

Hinter einer Bucht (Caló Roig mit erodierten Felswänden) erreichen Sie **Alcaufar** ❷ (km 2,6), wo Sie zunächst dem Camí de Cavalls rechts über den Strand und dann über kleine, kurvenreiche Wege links aufwärts zur Ortsmitte folgen.

Alcaufar

Alcaufar Vell, Carretera Alcalfar, ☏ 971 15 18 74, hotel@alcaufarvell.com, www.alcaufarvell.com, 22 stilvolle Zimmer in ehemaligem Gutshof, DZ ab € 150, 1,5 km landeinwärts Richtung Sant Lluis und 1 km vom Camí de Cavalls entfernt

♦ Hotel Xuroy, Carrer de Llevant 1, ☏ 971 15 18 20, www.xuroymenorca.com, Mai bis Oktober, DZ ab € 80, einfaches 2-Sterne-Hotel mit 46 Zimmern am Strand

Buslinie 91 von/nach Maó (€ 1,70), Abfahrten in der Sommersaison (Anfang Mai bis Ende Oktober) 7x täglich TMSA, ☏ 971 36 04 75, www.tmsa.es

Radio Taxi, 699 00 77 90, info@taxismenorca.com, www.taxismenorca.com. Das Taxi kostet von/nach Maó etwa € 19.

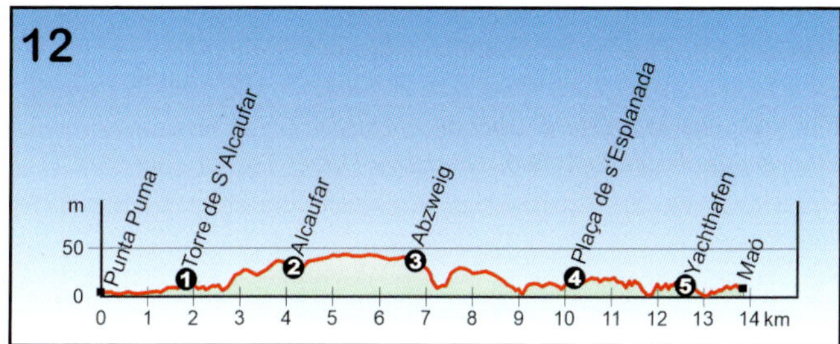

Alcaufar bietet einen kleinen Sandstrand und Hafen. Hier betraten 1708 bei der britischen Invasion die ersten Briten menorquinischen Boden.

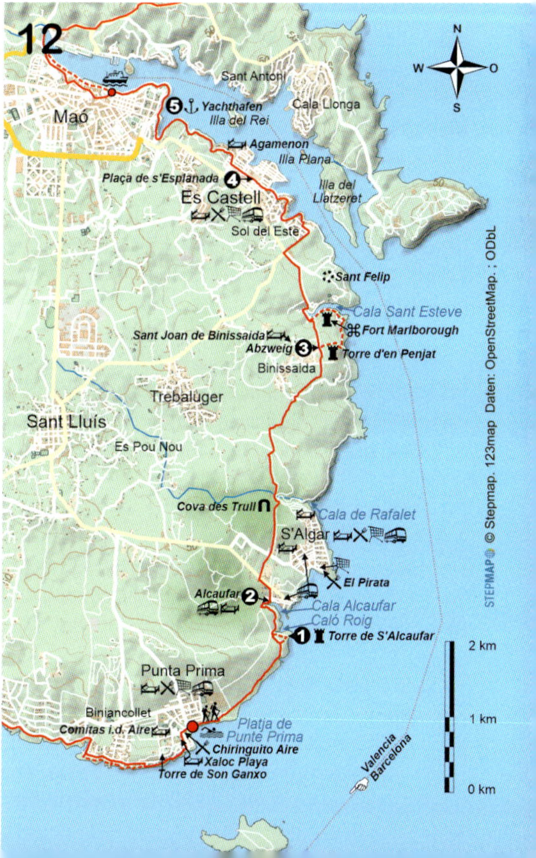

Bei der Kreuzung mit der Carrer Ample folgen Sie dem Camí de Cavalls geradeaus durch die schmale Einbahnstraße und an deren Ende links in nordwestliche Richtung der Hauptstraße (ME-8), aber schon nach 200 m zweigt der Camí de Cavalls rechts in einen Fußweg zwischen Steinmauern ab. Dieser führt landeinwärts etwa 300 m westlich an der Urlaubssiedlung S'Algar vorbei.

↳ Bei km 3,4 und 4,2 gibt es Möglichkeiten, rechts nach S'Algar abzubiegen.

S'Algar

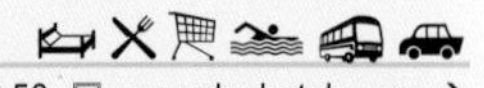

Alua Illa de Menorca, Avenida Décima, ☏ 912 18 62 56, www.aluahotels.com → Hotels → Menorca → Alua Illa de Menorca, DZ ab etwa € 110, großes Hotel im Landesinneren 300 m von der Küste. Ein weiteres (teureres) Hotel der Kette liegt am Strand.

Einkehrgelegenheiten in der Ortsmitte nahe der Küste, etwa El Pirata, Plaça Sant Lluís 3, ☏ 971 18 83 74, in der Touristensaison Di-So 10:00-0:00

Supermarket S'Algar in der Ortsmitte, Carrer ses Conxes 20, in der Touristensaison Mo-Sa 9:00-20:00, So 19:00-14:00

Buslinie 91 von/nach Maó (€ 1,70), Abfahrten ab S'Algar Las Plameras oder Rotonda in der Sommersaison (Anfang Mai bis Ende Oktober) 7x täglich, TMSA, ☏ 971 36 04 75, www.tmsa.es

Radio Taxi, 699 00 77 90, info@taxismenorca.com, www.taxismenorca.com. Das Taxi kostet von/nach Maó etwa € 19.

Die Tourismussiedlung S'Algar bietet einen kleinen Strand sowie Übernachtungsmöglichkeiten und eine Tauchschule. Nördlich von S'Algar liegt die Cala de Rafalet, eine kleine Bucht mit Steineichenwald und der einst als Begräbnisstätte genutzten Cova des Trull.

Westlich an S'Algar und der nördlich daran anschließenden Cala Rafalet vorbei wandern Sie auf dem Camí de Cavalls nordwärts bis zur rechten Abzweigung eines Weges zum sichtbaren Wehrturm **Torre d'en Penjat** ❸ (km 6,8), erbaut 1798 von den Briten auf dem früheren Galgenhügel.

↳ Abstecher zum Torre d'en Penjat und Fort Marlborough (➲ 800 m länger)

Die Abzweigung rechts führt nach 300 m zum Torre d'en Penjat. Links gelangen Sie auf einem Küstenpfad neben den Mauern der Festung zum Fort Marlborough (siehe nächste Seite), hinter dem Sie wieder den Camí de Cavalls erreichen.

Kurz dahinter liegt ↳ links 200 m landeinwärts eine (teure) Übernachtungsgelegenheit:

Sant Joan de Binissaida, Camí de Binissaida 108, ☏ 971 35 55 98, santjoan@binissaida.com, www.binissaida.com, DZ ab € 125, kleines edles

Landhotel mit 12 Zimmern und Pool. Ein Teil der Energie wird umweltfreundlich umgewandelt – Strom durch Fotovoltaik, Warmwasser durch Kollektoren.

Der Camí de Cavalls führt weiter geradeaus und links vorbei am Fort Marlborough zur Cala de Sant Esteve, einer tief eingeschnittenen Bucht mit alten Festungsanlagen (km 7,2).

Cala de Sant Esteve

Wegen ihrer Lage im Süden der Hafeneinfahrt zu Maó hatte die Cala de Sant Esteve eine große strategische Bedeutung.

♜ ⌘ Das **Fort Marlborough** wurde von den Briten im 18. Jh. am Hafeneingang als Teil einer großen Befestigungsanlage gebaut – günstig gelegen oberhalb der Cala de Sant Esteve. In den alten Festungsmauern informiert ein Museum mit modernen multimedialen Effekten über die Geschichte des Bauwerks.

♦ ☏ 971 36 04 62, Ostern bis Weihnachten Sa-Do 9:30-14:45, Eintritt ca. € 3

Festung vor Maó (ub)

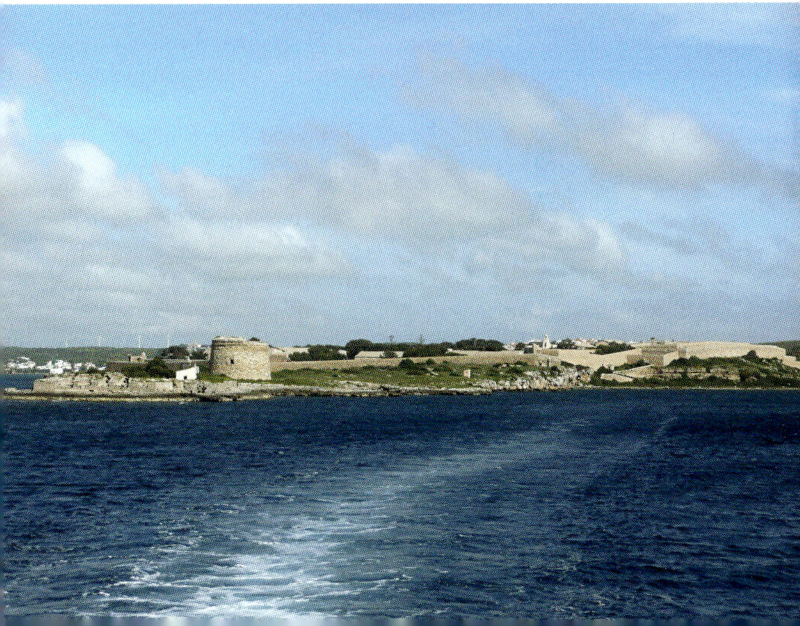

♜ Noch beeindruckender war die nur noch in Ruinen erhaltene Festung **Sant Felip** mit sternförmigem Grundriss nördlich der Bucht, erbaut im 16. Jh. und zwei Jahrhunderte später von den Spaniern geschleift, nachdem diese ein halbes Jahr benötigt hatten, um die von den Briten gehaltene Festung einzunehmen.

Am Ende der Bucht verlassen Sie die schöne Küstenstraße und folgen dem Camí de Cavalls halb links neben dem Geländer aufwärts, der weiter oben wieder auf die Straße trifft und dieser links nordwärts folgt.

Rote Randstreifen leiten Radfahrerinnen und Radfahrer sowie Wanderinnen und Wanderer. Die beidseitig von Trockenmauern gesäumte Straße mündet in die Hauptstraße, der Sie links Richtung Es Castell folgen. Nach 300 m erreichen Sie eine Kreuzung. Offiziell verläuft der Camí de Cavalls hier geradeaus und weiter entlang der Hauptstraße bis zum Zentrum von Maó, wofür sich eine Beschreibung erübrigt.

☺ Schöner und daher hier beschrieben ist eine küstennähere Alternative.

Bei der Kreuzung mit rechts einfachem Parkplatz biegen Sie nach rechts Richtung Sol del Este (Schild: „Tempo 30"), folgen der Straße nach 400 m durch die Linkskurve, biegen nach 100 m rechts in die Gasse mit Einbahnstraßenschild und am Ende links auf den Küstenpfad ab.

Vor einer Bucht (km 9,3) erreichen Sie eine Straße, folgen ihr für 80 m geradeaus und steigen dann rechts über Stufen hinab zur Bucht. Auf der anderen (nördlichen) Seite der Bucht geht es aufwärts und rechts weiter auf der Einbahnstraße (Carre Xaloc, später Carrer Gregal). Beim Parkplatz wandern Sie rechts zur Küste und weiter für 120 m links auf dem Küstenpfad und biegen beim Botanic Restaurant in der Bucht Cales Fonts mit Hafen wieder nach links in die Straße ab. Bei der Kreuzung folgen Sie der schmalen Carrer Stuart geradeaus und passieren nach wenigen Minuten zur Rechten den großen Hauptplatz von Es Castell, die **Plaça de s'Esplanada** ❹ (km 10,2).

Es Castell

B&B

Hotel Agamenón, C/Agamenón 16, ☏ 971 36 21 50, www.sethotels.com → Hotel Agamenón, DZ ab € 125, Hotel direkt am Ufer, alle 75 Zimmer mit Balkon

♦ Hotel del Almirante/Collingwood House, Carretera Maó, ☏ 971 36 27 00, hotelalmirante@essa.net, www.hoteldelalmirante.com, DZ ab € 70, (rad-)wanderfreundliches Hotel mit 39 Zimmern mit Tennisplatz und Pool, 100 m von der Küste entfernt zwischen Es Castell und Maó. In dem Haus wohnte früher der britische Admiral Lord Collingwood.

B&B Pardela Menorca, Calle de es Castell de Sant Felip 3, 690 02 42 24, www.pardelamenorca.com, DZ ab € 45, kleine Unterkunft mit moderner Zimmerausstattung und zentraler Lage

zahlreiche Einkehrgelegenheiten im Ort, vor allem am Hafen, etwa El Chivito Cales Fonts, Lugar, Carrer Moll de Cales Fonts 25, 971 35 29 44, Di-So 13:00-16:00 und 20:00-0:00, oder Botanic Restaurant Menorca, Carrer Moll de Cales Fonts 6, 971 35 17 84, Mo-Sa 13:00-15:30 und 19:00-23:00, So 13:00-15:30

mehrere Supermärkte im Ort, z. B. Supermercat Es Castell, Carrer Gran 61, Mo-Sa 8:30-21:00

Markt Mo und Mi

Farmacia Hernandez, Gran 32, 971 36 56 47, Mo-Fr 8:30-20:30, Sa 9:00-13:30 und 18:00-20:00

Farmacia Navarro Carim S., Avenida son Vilar 2 (Son Vilar), 971 36 82 79, Mo-Fr 9:00-13:30 und 17:00-20:00, Sa 9:00-13:30

Bushaltestellen an der Carrer Fontanilles und der Kirche, Buslinie 02 von/nach Maó (€ 1,70), Abfahrten ab Es Castell ganzjährig täglich halbstündlich, So mit Unterbrechung zwischen 14:00 und 16:00, TMSA, 971 36 04 75, www.tmsa.es

Radio Taxi, 699 00 77 90, info@taxismenorca.com, www.taxismenorca.com. Das Taxi kostet von/nach Maó etwa ab € 14.

Es Castell bildet den südlichen Eingangspunkt zum Naturhafen von Maó. Es Castell – bei den Britinnen und Briten „Georgetown" genannt – war eine reine Militärsiedlung. Wo heute Touristinnen und Touristen auf der Plaça de s'Esplanada flanieren, exerzierten früher Soldaten. Heute bietet Es Castell mit seinen 8.000 Einwohnerinnen und Einwohnern eine nette Uferpromenade mit vielen Einkehrgelegenheiten sowie einen beliebten Strand – eigentlich eine Bootsanlegestelle, an den Seiten mit Häusern begrenzt. Am Eingang der Bucht befinden sich flache Badebereiche, wo früher Marés abgebaut wurde, ein für die Balearen typischer Kalkstein mit großer Bedeutung für die Architektur – seit der Talaiot-Kultur bis in die Gegenwart hinein.

⌘ In einer ehemaligen Kaserne an der Plaça de s'Esplanada 19 ist ein Militärmuseum eingerichtet, das anhand von Sammlungen, Modellen, Plänen und Gemälden die Militärgeschichte der Insel beleuchtet.

♦ www.consorciomilitarmenorca.com/en/military-museum, Sommermonate Juni bis August Mo-Fr 10:00-13:00, sonst Mo, Mi, Fr 10:00-13:00, Eintritt € 4

Von der Plaça de s'Esplanada folgen Sie zunächst der Carrer Stuart weiter in nordwestliche Richtung. 300 m nach dem Platz biegen Sie bei einer Kreuzung halb rechts in die Carrer Agamenón in Richtung des gleichnamigen Hotels ab. Am Straßenende mit Wertstoffcontainern gehen Sie links und gleich darauf rechts entlang des Fußweges und sich rechts haltend zur Küste. Nach einem Abstieg über Stufen erreichen Sie eine schöne Bucht mit einer Straße, der Sie entlang der Küste folgen (Moll de Fonduco).

Nach dem Gebäude der Hafenbehörde und Wertstoffcontainern mündet die kleine Straße in eine größere ein, die Sie rechts nach Maó führt. Anfangs geht es sich rechts der Leitplanke ruhiger, später gibt es einen Streifen für Wanderinnen und Wanderer. Entlang der Küstenstraße rechts umgehen Sie die die Stadt, rechts bieten sich Blicke auf den Hafen ❺ mit vielen Jachten, Segelbooten und später Ausflugsbooten. Hinter einem Parkplatz erreichen Sie kurz vor dem Fährhafen den Endpunkt.

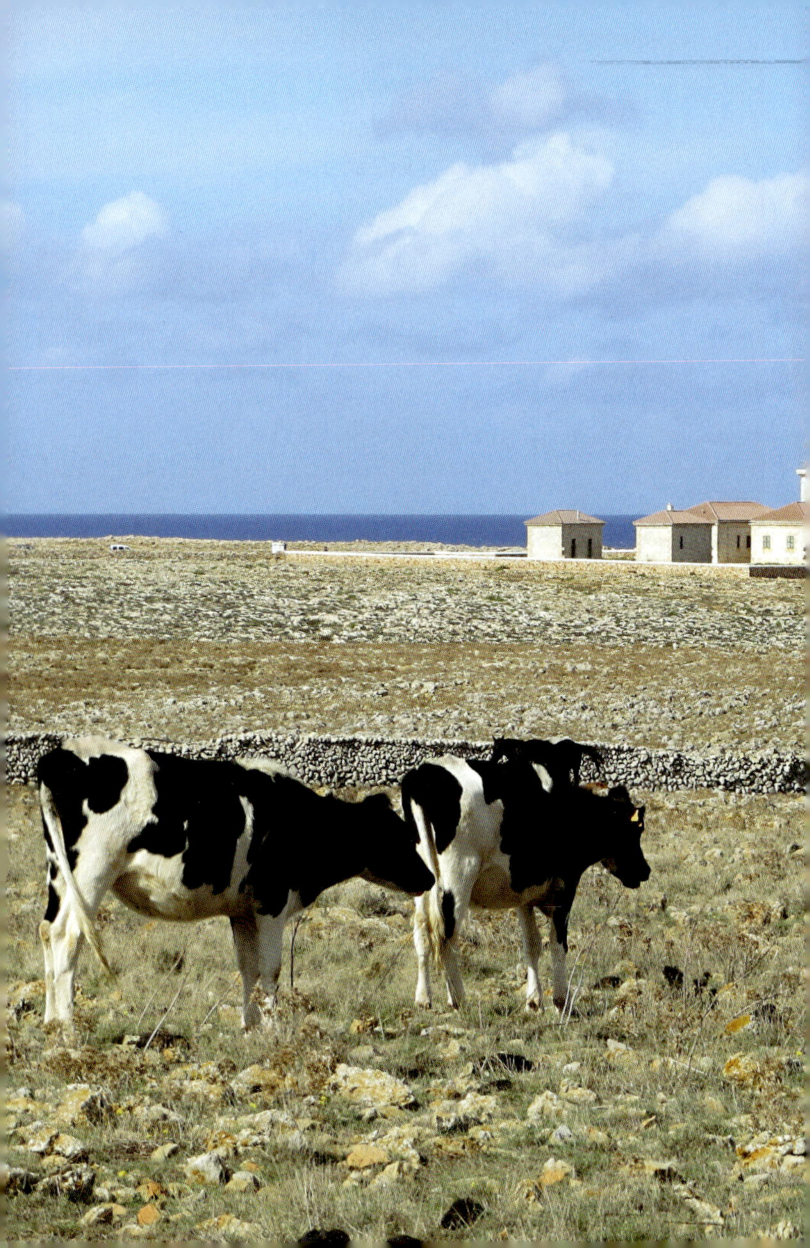

Index

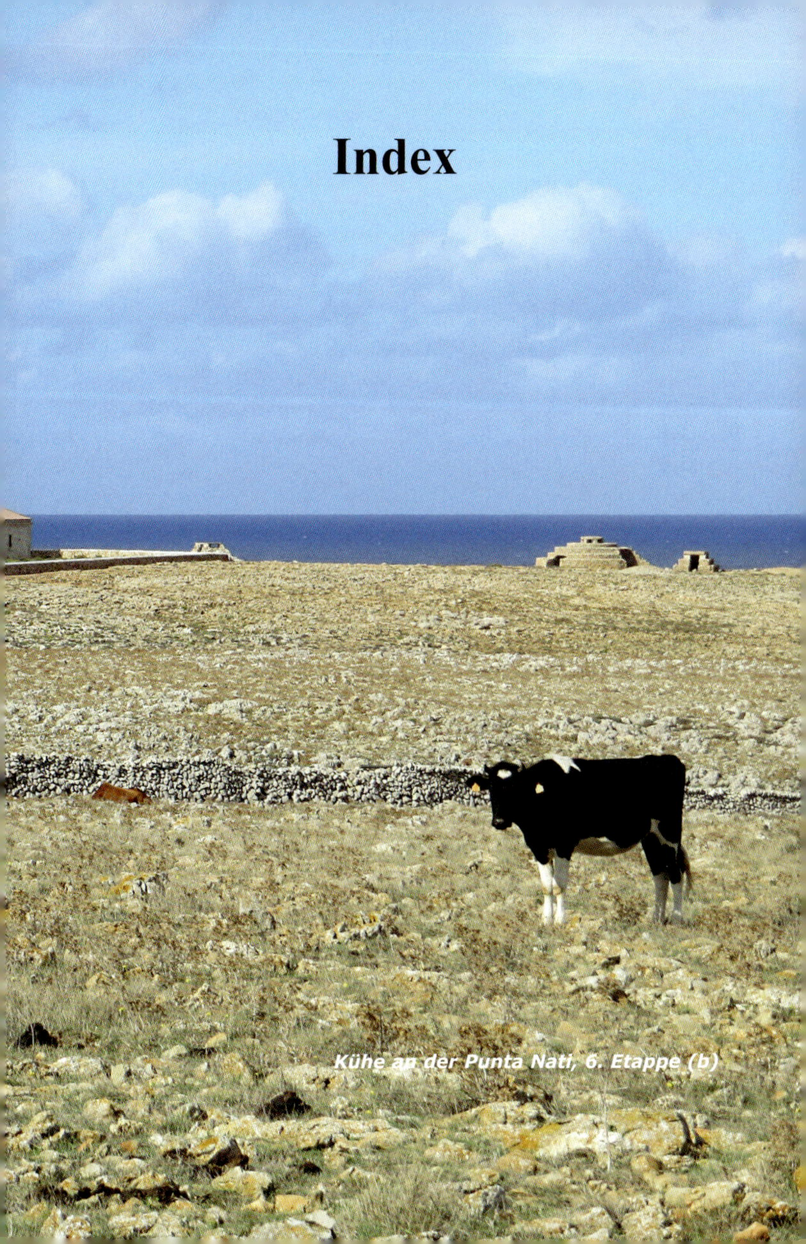

Kühe an der Punta Nati, 6. Etappe (b)